职业教育城市轨道交通专业工作手册式系列教材

城市轨道交通车辆构造与检修

主　编　杜彩霞　谢鹏程

副主编　康　琼　崔榕娜　赵晨亮

参　编　姚苹陶　刘长林　印晓燕　张国荣

　　　　辛宇驰　白清盼　管　硕　周　全

　　　　邓文鑫　王　阳

主　审　李　军　周珏凯

U0331284

机 械 工 业 出 版 社

本书是根据 GB/T 38707—2020《城市轨道交通运营技术规范》，教育部职业院校城市轨道交通车辆运用与检修专业人才培养方案、课程标准和车辆检修工初级、中级的工作任务，以工作过程为导向，以典型工作任务为引领，结合现代职业教育特点，编写的便于学生自主学习的一体化教程。

　　本书主要内容包括城市轨道交通车辆车体认知与维护、城市轨道交通车辆车门系统调试与维护、城市轨道交通车辆转向架认知与检修、城市轨道交通车辆车端连接装置认知与维护、城市轨道交通车辆受电弓认知与维护、城市轨道交通车辆制动系统认知与维护、城市轨道交通车辆空调系统认知与维护。

　　为便于学生自学和教师的教学，本书配有免费电子课件和习题答案。另外，本书还配有二维码，用手机扫一扫便可观看。凡选用本书作为授课教材的教师，均可登录 www.cmpedu.com 以教师身份注册下载教学资源。咨询电话：010-88379201。

图书在版编目（CIP）数据

城市轨道交通车辆构造与检修/杜彩霞，谢鹏程主编. —北京：机械工业出版社，2022.11（2024.2 重印）

职业教育城市轨道交通专业工作手册式系列教材

ISBN 978-7-111-71684-6

Ⅰ.①城… Ⅱ.①杜…②谢… Ⅲ.①城市铁路-铁路车辆-车体结构-中等专业学校-教材②城市铁路-铁路车辆-车辆检修-中等专业学校-教材 Ⅳ.①U239.5

中国版本图书馆 CIP 数据核字（2022）第 179095 号

机械工业出版社（北京市百万庄大街 22 号　邮政编码 100037）

策划编辑：于志伟　　　　　　责任编辑：于志伟　葛晓慧
责任校对：张亚楠　王　延　封面设计：张　静
责任印制：邓　博

北京盛通印刷股份有限公司印刷

2024 年 2 月第 1 版第 2 次印刷

210mm×285mm・13 印张・304 千字

标准书号：ISBN 978-7-111-71684-6

定价：58.00 元

电话服务　　　　　　　　　　　网络服务

客服电话：010-88361066　　　机　工　官　网：www.cmpbook.com
　　　　　010-88379833　　　机　工　官　博：weibo.com/cmp1952
　　　　　010-68326294　　　金　书　网：www.golden-book.com
封底无防伪标均为盗版　　机工教育服务网：www.cmpedu.com

前 言
PREFACE

本书是根据 GB/T 38707—2020《城市轨道交通运营技术规范》，教育部职业院校城市轨道交通车辆运用与检修专业人才培养方案、课程标准和车辆检修工初级、中级的工作任务，以工作过程为导向，以典型工作任务为引领，结合现代职业教育特点，编写的便于学生自主学习的一体化教程。

书中采用理论与实践一体化的编写模式，把理论知识的学习和工作任务的实施两个环节与过程有机结合在一起。内容在组织上更加注重知识的实用性和可操作性，突出学生专业技能、职业能力的培养，具有较强的针对性和实用性。课后习题丰富全面，有利于学生对知识的积累和消化。

本书具有以下特色：

1. 提供立体化的课程解决方案。本书配有二维码，把城市轨道交通车辆的相关工作原理和操作步骤更加生动、形象地展现出来，以方便学生对相关知识的理解和自主学习。

2. 内容与时俱进。本书的编写人员均来自教学一线及企业现场专业技术人员，具有丰富的教学与实践经验，并与行业、企业专家一起剖析车辆检修的实际工作过程，以此梳理和归纳出 22 个典型工作任务，以典型工作任务为学习内容，使学生在课堂学习的内容与企业实际的工作内容无缝衔接，充分体现教材内容的科学性与实用性。

3. 书中的评价方式新颖。教程中的"考核表"为学生自评和互评及教师评价提供依据，学生扮演教师角色进行评价可以使知识得到进一步巩固。

本书由杜彩霞、谢鹏程担任主编，康琼、崔榕娜、赵晨亮担任副主编，参加编写的还有姚苹陶、刘长林、印晓燕、张国荣、辛宇驰、白清盼、管硕、周全、邓文鑫、王阳。本书由青岛地铁公司李军、重庆轨道交通集团有限公司周珏凯担任主审。

由于编者水平和经验有限，书中难免有错误和不妥之处，敬请广大读者批评指正。对本书有任何意见和建议，可发送信息至 653164642@qq.com。

编 者

二维码清单

名称	图形	名称	图形
供风系统		制动模式与制动方式实验	
制动系统		受电弓 ADD 保护实验	
客室车门系统功能介绍		第四种检查器测量车轮尺寸	
认识密接式车钩		车辆空调制冷系统	
车辆空调系统总体认知		轮对内侧距测量	

目 录
CONTENTS

项目一
城市轨道交通车辆车体认知与维护

01

　　车体是城市轨道交通车辆的重要组成部分，是车辆结构的主体。车体坐落在转向架上，是容纳旅客和车辆设备的安装基础，驾驶室也设置在车体中。车体由底架、侧墙、端墙、车顶、车门、车窗及车内设施等组成。车体的强度、刚度要符合安全要求，同时车体材料也要具备防腐、耐蚀性。本项目主要包括：

　　任务一　车体类型及结构的认知
　　任务二　车内设备及车体的检修

任务一 车体类型及结构的认知

【任务描述】

某地铁车辆检修部门新入职一批员工，现要求开展车体总成的专项培训，请你协助培训师准备车体认知的培训内容，带领他们一起走进实训室，学习车体的相关知识。

【学习目标】

目标名称	目标内容
知识目标	能叙述车体的基本特征及类型
	能独立阐述车体的结构及作用
	能正确总结车体材料的优缺点
技能目标	能够正确指出各部件的位置
	能按 6S 管理规定进行作业

【知识准备】

一、城市轨道交通车辆基本认知

1. 城市轨道交通车辆类型

城市轨道交通车辆（图 1-1）根据各城市的运输环境及要求，分为多种类型。

根据其运行形式来分，常见的有钢轮钢轨式车辆、单轨车辆、直线电机车辆和磁悬浮车辆（图 1-2）。常见的钢轮钢轨制式车辆技术成熟可靠，应用最为广泛；直线电机车辆和磁悬浮车辆属于新型城市轨道交通工具，具有较好的发展前景。此外，城市轨道交通车辆还有单轨车辆（图 1-3），单轨车辆又分为悬挂式独轨和跨座式独轨，其运行特点为爬坡能力强、转弯半径小、噪声低、景观性好、载客量适中以及线路占地面积小。

图 1-1　城市轨道交通车辆

按有无动力装置分类，城市轨道交通车辆可分为动车和拖车两类。动车是指转向架上装有牵引电机等牵引动力装置的车辆，拖车是指不带动力装置的车辆。

图 1-2　磁悬浮车辆　　　　　　　图 1-3　单轨车辆

2. 城市轨道交通列车编组

城市轨道交通车辆是带有动力牵引装置的电动列车，兼有牵引和载客两大功能。车辆在运营时一般采用动拖结合，固定编组，形成电动列车组。动车和拖车通过车钩连接成一个相对固定的编组称为一个（动力）单元，一列车可以由一个或几个单元编组而成。

我国城市轨道交通列车编组主要形式为六辆编组和四辆编组：六辆编组动拖比为"三动三拖"和"四动二拖"，四辆编组动拖比为"二动二拖"和"三动一拖"。

广州地铁一号线每一列车由六节车辆组成，采用"四动二拖"形式，六节车有A、B、C三类车各两辆（此处A、B、C不是按车体尺寸分类），编组为：-A*B*C=C*B*A-。A车为拖车，一端设有驾驶室，车顶上装有受电弓，车下装有一套空气压缩机组，B车和C车均为动车，结构基本相同。其中，"-"表示全自动车钩，"="表示半自动车钩，"*"表示半永久车钩。

重庆市轨道交通一号线和六号线采用地铁车辆，六辆编组，动拖比为"四动二拖"，编组形式为：=Tc*Mp*M=M*Mp*Tc=。其中，"Tc"表示带司机室的拖车，"Mp"表示带受电弓的动车，"M"表示不带受电弓的动车，"="表示半自动车钩，"*"表示半永久车钩。

重庆市轨道交通二号线采用跨坐式单轨车辆，有四辆编组和六辆编组两种形式列车，其中每列车动力转向架占转向架总数的"3/4"，具体编组形式为：×Mc+M+M+Mc×和×Mc+M+M+M'+M+Mc×。其中，"Mc"表示带司机室的动车（带有1个非动力转向架及1个动力转向架），"M"表示动车（带有2个动力转向架），"M'"表示不带司机室的动车（带有1个动力转向架和一个非动力转向架），"×"表示密接式车钩，"+"表示棒状式车钩。

3. 城市轨道交通车辆的标识

一般每节车辆都有属于自己的固定的编号，但各车辆制造商或运营商的编号方式不一样。以上海地铁车辆为例，上海地铁一、二号线车辆的编号由五位数组成，采用YYCCT形式，其中YY为车辆出厂的年份，CC为出厂时这一年的同类型车辆的生产顺序号，T为车辆类型代号。其中，"1"表示自身无动力，依靠有动力的车辆推动或拖动的拖车；"2"表示转向架上装有牵引电机，无司机室，车顶装有受电弓的动车；"3"表示转向架车。

重庆市轨道交通地铁和单轨车辆编号由6位数组成，编号前两位数字为线路编号，第3、4、5位数字为列车编号，末位数字为车辆号。例如，060016表示为6号线第1列车第6车厢。

（1）车辆的车端、车侧的标识定义

1）车辆的车端：如图1-4a所示，A车1位端是带有全自动车钩的一端，B车1

位端是与 A 车连接的一端，C 车 1 位端是连接半永久牵引杆的一端；另一端就是车辆的 2 位端。

2）车辆的车侧：如图 1-4b 所示，人立于车辆的 2 位端，面向 1 位端，则人的右侧就称为该车辆的右侧，人的左侧也称为该车辆的左侧。

列车的车侧的定义与车辆的车侧定义是不同的，它是以司机为主体，司机坐于列车驾驶端座位上，司机的右侧即为列车的右侧，左侧为列车的左侧如图 1-4c 所示。

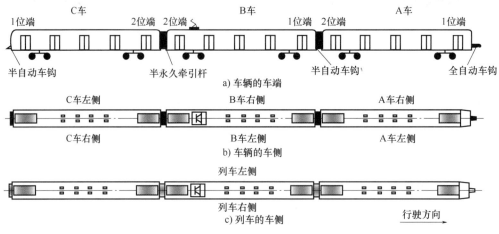

图 1-4　车辆的车端与车侧、列车的车侧

（2）车门、座椅的编号

1）车门的编号。门页的编号：自 1 位端到 2 位端，沿着每辆车的左侧为由小到大的连续奇数，即 1、3、5、7、9、11、13、15、17、19；右侧为由小到大的连续偶数，即 2、4、6、8、10、12、14、16、18、20。车门的编号则由该车门两个门页的号码合并而成：自 1 位端到 2 位端，左侧车门的编号为 1/3、5/7、9/11、11/13、15/17、17/19，而右侧车门的编号 2/4、6/8、10/12、14/16、18/20，如图 1-5a 所示。

2）座椅编号。座椅编号的方式与车门类同，每辆车有 8 个座椅纵向排列在车辆内部的两侧。自 1 位端到 2 位端，这些座椅的编号是 1~8，左侧是奇数，右侧是偶数，如图 1-5b 所示。

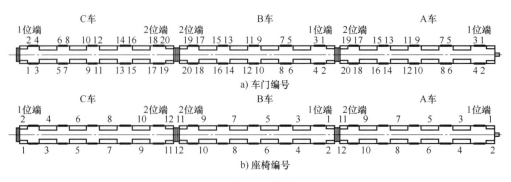

图 1-5　车门、座椅编号

4. 城市轨道交通车辆的组成

城市轨道交通车辆由车体、转向架、车端连接装置、制动装置、受流装置、内部装饰及车辆设备、空调通风系统、车辆电气系统、列车监测与控制系统等组成。

（1）车体　车体分为有司机室车体和无司机室车体两种，坐落在转向架上，它除载客外，还是其他设备的安装基础。车体一般由底架、侧墙、车顶、前端、后端和车门等组成。

（2）转向架　转向架是车辆的走行装置，安装于车体与轨道之间，用来牵引（对动力转向架而言）和引导车辆沿轨道行驶，承受并传递车体与轨道之间的各种载荷并缓和各种冲击与振动，它是保证车辆运行品质的关键部件。转向架一般由构架、轮对轴箱装置、悬挂系统、牵引装置、齿轮传动装置和制动装置等组成。转向架有动力转向架和非动力（拖车）转向架之分，动力转向架还装有牵引电机及传动装置。

（3）车辆连接装置　城市轨道交通车辆由多辆编组，车辆之间设有连接装置。连接装置由车钩、缓冲器、电气连接、气路连接及贯通道等部分组成。车钩和缓冲器的作用是连接车辆，减少车辆间的纵向冲撞。为了便于相邻车辆间乘客流动，调节客室的疏密，车辆之间采用贯通道式，故设有风挡及渡板。

（4）制动装置　制动装置是保证列车运行安全所必不可少的装置。不管是动车还是拖车都设有制动装置，它可以保证运行中的列车按需要减速或在规定的距离内停车。制动装置除常规的空气制动装置外，还有再生制动、电阻制动和磁轨制动等先进的制动装置。

（5）受流装置　从接触导线（接触网）或导电轨（第3轨）将电流引入动车的装置称为受流装置或受流器。

（6）内部装饰及车辆设备　内部装饰及设备是城市轨道交通车辆必不可少的，其要求是美观、舒适、实用、隔音、减振、坚固、防火。内部装饰包括客室内部的墙板、顶板、地板及司机室布置等；车辆设备包括照明、车窗、车门及机构、左翼、扶手、吊环、乘客信息显示等。

（7）空调通风系统　城市轨道交通车辆因乘客拥挤、空气污浊，必须设有通风装置，一般采用机械通风。为改善乘客的舒适度，现代城市轨道交通车辆一般设有空调装置等。

（8）车辆电气系统　车辆电气系统包括车辆上的各种电气设备及其控制电路。按其作用和功能可分为主电路系统、辅助电路系统和监视与控制电路系统等。

（9）列车监测与控制系统　列车监测与控制系统（TCMS），属于"列车管理系统"，作用是整合各个与"控制和监测系统"相关的功能，完成列车的自动化与智能化。通过电客列车各个系统的交互完成系统的检测和控制；通过乘客信息系统输出终端向乘客发送相关服务信息；通过司机室人机界面反映列车自身的状态及相关数据，便于操作人员对车辆进行操控和维护；各系统共同完成对车辆的控制、防护和监控，完成对乘客服务信息提示和舒适化环境控制的服务管理。

5. 城市轨道交通车辆的主要技术参数

从总体上表征车辆性能及结构的一些参数称为车辆技术参数，一般可分为性能参数与主要尺寸两大类。

（1）车辆性能参数

1）自重、载重：自重指车辆整备状态下的本身结构及设备组成的全部质量；载重指正常情况下车辆允许的最大装载质量，以吨（t）为单位。

2）构造速度：指车辆设计时按照安全及结构强度等条件所决定的车辆最高行驶速度，车辆实际运行速度一般不允许超过构造速度。

3）轴重：按车轴形式及在某个运行速度范围内，车轴允许负担（包括轮对自身的质量）的最大质量。轴重的选择与线路、桥梁及车辆走行部的设计有关。

4）通过最小曲线半径：配用某种形式转向架的车辆在正线运行或厂、段内调车时所能安全通过的最小曲线半径。当车辆在此曲线区段上行驶时不得出现脱轨、倾覆等危及行车安全的事故，也不允许转向架与车体底架或车下其他悬挂物相碰撞。

5）最大爬坡能力：配用某种形式转向架的车辆在正线运行或厂、段内调车时所能正常运行的最大坡度。

6）起动加速度：定员情况下，在平直干燥轨道上，车轮为半磨耗状态，额定供电电压时，对列车起动时平均加速度的要求。如无特殊要求，一般为：列车从 0 加速到 40km/h，不低于 $0.83m/s^2$；列车从 0 加速到 100km/h，不低于 $0.6m/s^2$。

7）制动减速度：定员情况下，在平直干燥轨道上，车轮为半磨耗状态，对列车从最高运行速度到停车的制动平均减速度的要求。如无特殊要求，一般为：常用制动平均减速度不低于 $1.0m/s^2$；紧急制动平均减速度不低于 $1.2m/s^2$。

8）车辆安全性能指标：包括列车纵向冲击率不应大于 $1.0m/s^3$；列车运行平稳性指标应小于 2.5；车辆的脱轨系数应小于 0.8；车辆的轮重减载率应小于 0.6。

（2）车辆的主要尺寸

1）车辆长度：车辆处于自由状态，车钩呈锁闭状态时，两端车钩连接面之间的距离。区别于车体长度的概念，车体长度指不包含牵引缓冲装置或折棚的车体结构的长度。

2）车辆最大宽度：车体横断面上最宽部分的尺寸。

3）最大高度：车辆顶部最高点与钢轨顶面之间的距离。通常须说明与最高点相关的结构，如有无空调、受电弓的状态等。

4）车辆定距：同一车辆的两转向架回转中心之间的距离。

5）固定轴距：同一转向架的两车轴中心线之间的距离。

6）车钩中心线距离钢轨面高度：简称车钩高，以 H_0^{+10} 表示，它是指车钩连接面中点（铁路车钩是指钩舌外侧面的中心线）至轨面的高度，取新造或修竣后空车的数值。

7）地板面高度：车辆地板面与钢轨顶面之间的距离。地板面高度与车钩高一样，指新造或修竣后空车的数值。

二、城市轨道交通车辆车体

1. 车体的基本特征

城市轨道交通车辆一般为电动车组，有单节式、双节式、三节式等；有头车（即带有司机室的车辆）和中间车，还有动车与拖车之分，其车体结构有多种形式。由于城市轨道交通车辆是服务于城市内的公共交通，乘客数量多、旅行时间短、上下车频繁，因此车内设置的座位数量少、车门数量多而且开度大，服务于乘客的车内设备简单。对车辆的质量限制较为严格，特别是高架轻轨，要求列车质量轻、轴重小，以降低线路设施的工程投资。因此，车体承载结构一般采用大型中空截面挤压铝型材、高强度复合材料或不锈钢等，采用整体承载筒形车体结构，车辆的其他辅助设施也采用轻型材料和轻量化结构。城市轨道交通车辆一般运营于城市人口稠密地区，并用于乘载旅客，所以对车辆的防火要求严格，特别是地铁车辆。对车辆的隔音和降噪有严格要求，以最大限度降低噪声对乘客和沿线居民的影响。城市轨道交通车辆主要用于城市内交通，所以车辆外观造型和色彩必须考虑城市文化、环境美化，与城市景观相协调。

2. 车体的类型及结构

（1）车体的类型　车体按照制造材质可分为钢木混合结构和全钢结构，全钢结构的车体有普通钢和合金钢两种。全钢结构车体在制造工艺上分为铆接结构和焊接结构。现代车辆车体结构基本上采用全钢焊接结构。按照车体结构有无司机室可分为带司机室车体和无司机室车体两种。车体按照其承载特点可分为底架承载结构、底架侧墙共同承载结构和整体承载结构三种。

（2）车体的结构　城市轨道交通车辆车体为整体承载结构，如图1-6所示，其特点是在板梁式侧、端墙上固接由金属板、梁组焊而成的车顶，使车体的底架、侧墙、端墙、车顶连接成一个整体，成为开口或闭口箱形结构，此时车体各部分结构均参与承受载荷。

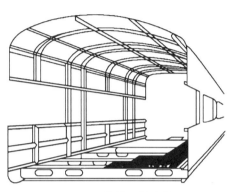

图1-6　整体承载结构

整体承载结构车体是由若干纵向、横向梁和立柱组成的钢骨架（图1-7），再安装内饰板、外蒙皮、地板、顶板及隔热、隔音材料、车窗、车门及采光设施等。车体一般由底架、端墙、侧墙和车顶等组成，是容纳乘客、司机以及安装和连接其他设备及组件的基础。

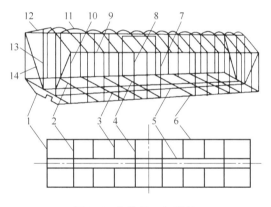

图1-7　车体的一般结构

1—缓冲梁（端梁）　2—枕梁　3—小横梁　4—大横梁　5—中梁　6—倒梁　7—门柱　8—侧立柱　9—上侧梁　10—角柱　11—车顶弯梁　12—顶端弯梁　13—端立柱　14—端斜撑

1）底架。由于底架是车体结构和设施的安装基础，主要作用是承受车体上部载荷并传递给整个车体，承受各种原因引起的横向力和走行部传来的各种振动和冲击，因此底架必须具有足够的强度和刚度，是检修作业的重点。底架通常由大型铝合金蜂窝状挤压型材焊接而成，底架中部断面较大并沿其纵向中心线贯通全车的梁称为中梁，它是底架的骨干。底架两侧边沿的纵向梁称为侧梁，侧墙固定其上。底架两端部的横向梁称缓冲梁（或称为端梁），端墙固定其上。在转向架的支承处设有牵枕缓，牵枕缓包含车钩安装组件、车钩横梁、牵引梁和枕梁，主要用来安装和固定转向架及车钩。底架上还设有各种吊梁、吊卡、线槽、安装座，用以安装车钩缓冲装置、机电设备、制动装置等。底架上部还铺设有地板，一般的地板主要由金属地板、地板布、支承梁、隔音隔热材料和阻尼浆等组成。

2）侧墙。侧墙由杆件、墙板和门窗组成。杆件包括立柱、上弦梁、横梁和其他辅助杆件，它们与底架的侧梁构成一体。墙板有蒙皮和内饰板，蒙皮是用钢板、不锈钢板或铝合金板制成的，内饰板具有车内装饰的功能，经过阻燃处理。侧墙主要用于安装客室玻璃、客室车门、座椅等部件。

3）端墙。车辆端部为简单的焊接或铆接结构，过渡设备用框架固定。端墙结构与侧墙基本相同，除端梁外，还设有角柱、端立柱、上端梁和墙板等。端墙主要用于贯通道、空调单元、司机室的连接。

4）车顶。车顶由波纹顶板、车顶弯梁、车顶边梁、侧顶板、空调机组平台等组成。车顶采用波纹顶板无纵向梁结构，顶板间搭接缝焊连接，与车顶弯梁点焊在一起，机组平台由纵梁、弯梁、顶板点焊组成，再与车顶通过点焊与塞焊组成一体。

3. 车体材料

为了尽可能地降低车辆的自重，车体一般采用全铝合金结构，并广泛采用大型中空截面挤压型材，以保证车体在具有足够强度和刚度前提下，使材料得到最充分的利用。铝合金材料质轻且柔软、强度好、耐蚀性好、加工性能好、易于再生，所以采用铝合金材料作为车体制造材料，可以制作出大型中空型材，不仅刚度可以与钢制车体一样，质量可以大大减小，并且具有很好的耐蚀性。

铝合金整体承载筒形结构的车体及其断面结构通常如图1-8所示。组成车体的底架、侧墙和车顶采用大型空心截面的挤压铝型材拼焊而成。底架地板是由上下翼板、斜筋板和腹板组成的中空挤压型材，长度可达车体全长。下侧梁、侧墙板、车顶板也采用形状各异的中空截面挤压铝型材。这样，在制造车体时仅留下少数几条长焊缝，制造工艺大为简化，焊接变形也易于控制，制造精度大为提高。

图1-8　铝合金车体及其断面结构

【收集信息】

1. 了解车体的位置、作用。

1）在右图中标注车体的位置。

2）车体的作用有哪些？

_____

_____

_____

2. 比较以下三组图片，写出地铁车辆车体的基本特征。

第一组：_____

_____

_____

第二组：_____

_____

_____

第三组：_____

_____

_____

3. 在下图方框中标注车体各部位的名称。

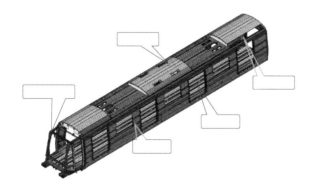

4. 请写出下图中车辆的承载方式。

(　　　)

(　　　)

(　　　)

5. 查阅资料，找出车体所使用的材料，并分析其优点。

6. 在进入实训场地时，需要注意哪些事项？请列举。

【制订计划】

一、场地、设备、工具和材料准备

场地、设备、工具和材料准备见表1-1。

表1-1　车体认知场地、设备、工具和材料统计表

序号	类别	名称	数量
1	场地	车辆综合实训室	
2	设备	拖车车体/动车车体	1辆
3	工具	专用扳手等	若干
4	其他材料	安全帽	若干

二、任务实施步骤及要求

车体类型及结构认知任务单见表 1-2。

表 1-2　车体类型及结构认知任务单

任务名称				日期	
班组名称		组长		监督员	
操作员		观察员		展示员	
注意事项					

根据实训室的车体设备，在确保安全的情况下，制订认识车体结构的具体形式，可选择的方式有：

1）拍照记录，制作 PPT 展示，并解说。

2）手绘车体简图，标记各部位的具体内容。

3）拍摄微课视频。

【实施计划】

按照本组制订的具体计划，分工合作，完成以下内容。

1. 底架是车体结构和设施的_____，主要由_____组成。

2. 侧墙的墙板由_____组成，有_____的特性。

3. 车顶主要安装_____设备，车顶的防水和排水主要由_____承担。

【检查与控制】

观察员对操作员工作过程评分，具体评分细则见表 1-3。

表 1-3　车体类型及结构认知考核评分表

序号	考核项目	考核内容及要求（评分要点）	配分	评分标准	得分
1	作业前准备	确认车辆断电	20	不断电操作扣 20 分	
2	作业时	准确找出车体各部位	30	遗漏一项，扣 5 分	
3	小组分工	各成员分工明确	30	分工不明确扣 10 分	
		展现形式创新独特		形式单一扣 10 分	
4	工具和量具的使用	正确使用工具和量具	10	工具、量具使用不当，一次扣 2 分	
5	安全保护	劳保用品穿戴齐全	5	劳保用品穿戴不全，扣 3 分	
		文明操作、工具摆放有序	5	乱摆、乱放工具、量具，扣 2 分	
		总分	100	得分	

观察员：　　　　　　　　　操作员：　　　　　　　　　时间：

【评价反馈】

1. 自我评价

我做得好的地方	我还存在这些方面的问题
□ 动作准确	□ 动作不到位
□ 工具使用规范	□ 工具使用不规范
□ 安装步骤熟悉	□ 安装步骤不熟悉
□ 零件摆放整齐	□ 工具摆放不整齐
□ 操作用时合理	□ 操作用时过长
□ 工作态度端正	□ 工作态度不够端正

2. 小组评价

我们组做到了：□ 全员参与　□ 分工明确　□ 工作高效　□ 完成了工作任务

3. 教师评价

评价内容	评价指标	等级（星级评定）
1. 综合素养方面	1）态度是否积极，是否主动组织或参与活动 2）与小组同学合作是否良好 3）活动是否认真、善始善终 4）是否勇于克服困难	
2. 知识技能方面	1）查阅资料技能 2）实地观察记录能力 3）调查研究能力 4）整理材料能力	

【知识巩固】

一、填空题

1. 车辆车体从承载的角度可以分为_____、_____、底架承载三种结构，其中城市轨道交通车辆车体采用_____。

2. 车体主要由_____、_____、_____和_____等组成。

3. 车体底架牵枕缓包含_____、车钩横梁、牵引梁和_____。

二、简答题

1. 简述车体的作用。

2. 简述车体底架的结构。

3. 简述整体式承载结构的特点。

4. 简述车体的基本结构。

任务二　车内设备及车体的检修

【任务描述】

某地铁公司有部分车辆的维护进入年检修程，由车辆检修班组执行车体和车内设备的检修任务，请根据要求进行任务分解和实施。

【学习目标】

目标名称	目标内容
知识目标	能理解车内布置及设备的功能
技能目标	能够正确找出车内设备的位置
	能完成车体及车内设备的日常检修
	能按 6S 管理规定进行作业

【知识准备】

一、车内装饰

车内装饰分为客室内装结构和司机室内装结构，客室内装结构设计优先采用绿色环保材料，执行环保方面的法律法规及标准。在满足车辆运行的安全性、功能性的前提下，尽可能采用模块化设计。各板、梁、柱连接间均采用弹性连接结构，避免在运行中产生噪声，起到良好的隔音、降噪效果。

1. 客室内装

客室内装包括车顶内装、侧墙内装和地板等，在内装结构与车体之间铺设隔热材料，用以阻隔噪声及热量传递。

（1）车顶内装　车顶内装包括侧顶板安装、照明灯具安装、出风格栅安装以及中顶板安装，相对客室纵向线左右完全对称，顶板与骨架之间均采用减振材料以降低车内噪声。顶板断面图如图 1-9 所示。

1）车顶侧顶板一侧铰接在车顶纵向梁上，另一侧通过压紧锁固定在安装于车体结构的支架上。

2）车顶侧顶板两侧布置有客室照明灯，客室照明采用 LED 光源，灯具一侧铰接在车顶纵向梁上，另一侧通过螺栓安装于出风口型材上。

3）出风格栅安装于出风口型材上，一侧通过螺栓连接，一侧采用插接形式。

4）车顶中顶板通过尼龙搭扣粘接，并通过螺钉紧固在出风口型材上。

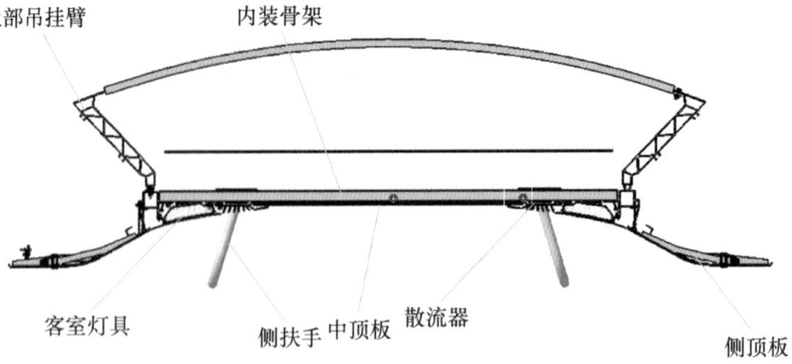

图 1-9　顶板断面图

（2）侧墙内装　侧墙内装包括侧墙板安装、座椅、屏风安装及车窗安装等。

客室侧墙板窗口均采用整体成型结构（图 1-10），窗口侧墙板上下通过螺钉安装在侧墙内部骨架上，门罩板两侧采用螺钉安装在侧墙内部骨架上。

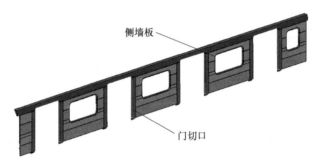

图 1-10　客室侧墙板整体成型结构

客室座椅为玻璃钢座椅，分为座椅骨架与座椅面罩两个部分，座椅骨架通过 T 形螺栓安装在车体预留的 T 形槽内，座椅面罩上部卡在座椅骨架内，下部通过螺栓安装于座椅骨架上。

（3）地板　地板采用蜂窝地板，地板、地板布、橡胶制品的防火性能应满足相关的防火和安全规定，整个地板结构需进行耐火测试，并要达到 20min 内保持完整和绝缘的要求。

2. 司机室内装

头车（Tc 车）前端设有司机室，司机室采用不锈钢冷拔钢管组成内部骨架，外部罩是玻璃钢罩，玻璃钢罩与内部骨架采用过渡件连接。司机室内装由内墙板、内顶板、地板等组成，如图 1-11 所示。

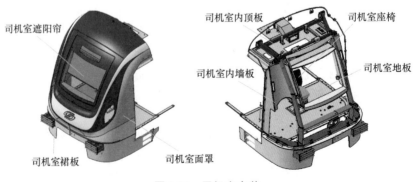

图 1-11　司机室内装

二、车内设备

车内设备主要包括客室座椅、扶手、吊环、立柱、消防设施、无障碍扶手及安全带、司机座椅和司机室遮阳帘等，为司乘人员提供舒适、方便的乘车环境。

1. 客室座椅

客室座椅沿客室两侧侧墙纵向布置，整个座椅系统由座椅骨架和座椅面两部分组成。座椅表面圆滑平整并向上倾斜，造型美观、不易破损、结构坚固、经久耐用，座椅下平面高于地板面一定高度，便于车内清洁。

2. 扶手、吊环、立柱

为了让站立乘客扶稳，一般在客室内设有立柱、纵向扶手和吊环等设施。立柱、扶手一般采用不锈钢或经喷塑处理的铝合金管制成。必要时在立柱之间可设置横杆和吊环，其颜色与客室的内装饰应统一考虑，做到协调美观。

3. 消防设施

为防止突发性火灾事故等对乘客造成伤害，在 Tc 车司机室信号柜和每个客室均设置 2 个灭火器、安全锤等消防安全设施，用于满足消防需求。如重庆轨道交通一号线地铁车内每个客室设置 2 个灭火器，放置在客室座椅下方，每个客室设置 2 个安全锤放置在侧顶板内，并有明显标志，以便紧急时使用。

4. 无障碍扶手及安全带

为了方便残疾人乘车，在每节车厢进门处，都设置了无障碍扶手和安全带，如图 1-12 所示。

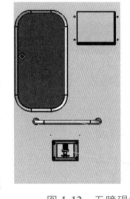

无障碍扶手

安全带

图 1-12　无障碍扶手

【收集信息】

1. 写出车体及车内设备的作用。

_____

_____

2. 指认下图车体内部设备的组成图，并标注 1-4 号的名称。

1—_____　　2—_____

3—_____　　4—_____

3. 参照检修规程列举车体的常见故障及处理方法，填写表 1-4。

表 1-4　车体的常见故障及处理方法

序号	常见故障	原因分析	处理方法
1			
2			
3			
4			
5			
6			

【制订计划】

1. 请填写场地、设备、工具统计表（表 1-5）。

表 1-5　场地、设备、工具统计表

序号	类别	名称	数量
1	场地	轨道综合实训室	
2	设备	车体	1 辆
3	工具	专用扳手	2 套
		十字螺钉旋具	2 把
		强光手电筒	2 个
		禁止动车牌	1 个
		地板清洁器	1 台

2. 上车前需要确认_____、_____。

3. 根据检修规程制订检查作业记录单（表 1-6）。

表 1-6　作业记录单

作业项目	作业标准	检查方法	检查结果

课堂笔记

【实施计划】

填写本组制订的检查作业记录单，并完成以下内容。

1. 车体外表无异常损坏，油漆损坏面积不超过 _____ 或长度不超过 _____ 。

2. 车体和车内设备检查常用的检查方法是 _____ 。

3. 对于无障碍扶手的检查，通常要求做到 _____ 。

4. 对于司机室车体的检查，需要做到 _____ 。

【检查与控制】

观察员对操作员工作过程评分，具体评分细则见表 1-7。

表 1-7 车内设备及车体的检修评分表

序号	考核项目	考核内容及要求（评分要点）	配分	评分标准	得分
1	作业前准备	确认车辆断电	20	不断电操作扣 20 分	
2	车体外表面	车体外表面油漆 1. 车体外表无异常损坏 2. 油漆损坏面积未超限	10	遗漏一项，扣 5 分	
3	司机室内装	司机室内装无异常损坏，功能正常，连接件连接紧密	10	遗漏一项，扣 5 分	
4	客室内装	客室内部扶手、立柱、座椅、顶板、墙板、客室灯罩、地板布外观及固定良好，无明显损伤	30	遗漏一项，扣 5 分	
5	无障碍扶手	紧固件无缺失，功能正常	10	遗漏一项，扣 5 分	
6	客室清洁	客室内部整洁无异物、无异味	5	清洁不到位扣 5 分	
7	工具使用	工具使用正确规范	10	使用方法不正确，一次扣 2 分	
8	安全保护	正确放置禁止动车牌 正确穿戴劳保用品	5	穿戴不规范扣 5 分	
	总分		100	得分	

观察员：　　　　　　　　　　操作员：　　　　　　　　　　时间：

【评价反馈】

1. 自我评价

我做得好的地方	我还存在这些方面的问题
□ 动作准确	□ 动作不到位
□ 工具使用规范	□ 工具使用不规范
□ 安装步骤熟悉	□ 安装步骤不熟悉

（续）

我做得好的地方	我还存在这些方面的问题
□ 零件摆放整齐	□ 工具摆放不整齐
□ 操作用时合理	□ 操作用时过长
□ 工作态度端正	□ 工作态度不够端正

2. 小组评价

我们组做到了：□ 全员参与　□ 分工明确　□ 工作高效　□ 完成了工作任务

3. 教师评价

评价内容	评价指标	等级（星级评定）
1. 综合素养方面	1）态度是否积极，是否主动组织或参与活动 2）与小组同学合作是否良好 3）活动是否认真、善始善终 4）是否勇于克服困难	
2. 知识技能方面	1）查阅资料技能 2）实地观察记录能力 3）调查研究能力 4）整理材料能力	

【知识巩固】

一、填空题

1. 车内装饰分为_____结构和_____结构。

2. 客室内装结构设计优先采用_____材料，执行环保方面的法律法规及标准。

3. 在满足车辆运行的安全性、功能性的前提下，尽可能采用_____设计。

4. 客室内装包括_____、_____和_____，在内装结构与车体之间铺设隔热材料，用以阻隔噪声及热量传递。

5. 车内设备主要包括_____、挡风板、_____、吊环、_____、_____、司机座椅、司机室遮阳帘等，为司乘人员提供舒适、方便的乘车环境。

二、简答题

1. 简述司机室内装的主要结构。

2. 简述车体外表检查的作业标准及作业流程。

3. 简述灭火器的使用方法。

4. 简述司机室检查的作业流程。

5. 简述无障碍扶手的作用及检修作业注意事项。

———— 延 伸 阅 读 ————

宁允展是青岛四方机车车辆股份有限公司的一名车辆钳工，高级技师，高铁首席研磨师。他是国内第一位从事高铁转向架"定位臂"研磨的工人，也是这道工序最高技能水平的代表。他研磨的定位臂，已经创造了连续十年无次品的纪录。他和他的团队研磨的转向架安装在673列高速动车组，累计行驶9亿多千米。一心一意做手艺，扎根一线 24 年，宁允展与很多人有着不同的追求："我不是完人，但我的产品一定是完美的。做到这一点，需要一辈子踏踏实实做手艺人。"

【学而思】

1. 宁允展的故事给了我们怎样的启示？

2. 北宋欧阳修所著《卖油翁》中提到："乃取一葫芦置于地，以钱覆其口，徐以杓酌油沥之，自钱孔入，而钱不湿。因曰：我亦无他，惟手熟尔。"请你结合宁允展的故事，谈谈作为轨道行业准员工，我们应该以什么样的标准要求自己？

课堂笔记

项目二
城市轨道交通车辆车门系统调试与维护

　　车门是城市轨道交通车辆车体的重要组成部分，是车体结构的主体。城市轨道交通运输载客流量大、车门数量多、乘客上下车频繁，因此车门系统成为地铁列车中关系到乘客安全的重要系统。车门的开关操作、车门系统的调试、车门门页位置的调整及电气控制和维护等方面均影响着地铁列车的运营状况和广大乘客的人身安全。因此，本项目的主要学习内容有：

　　　　任务一　车门系统的使用与操作
　　　　任务二　客室车门的安装和调整
　　　　任务三　车门系统的维护

任务一 车门系统的使用与操作

【任务描述】

某列地铁在某站上客完成后，列车正在关门作业，列车蜂鸣器响起。原来是一名老年乘客在车门即将关上之际，将手伸进门中，欲强行上车，致使手腕被夹。请就此事故进行车门系统功能的分析并完成相关任务。

【学习目标】

目标名称	目标内容
知识目标	能掌握车门的结构
	能准确理解车门的作用
技能目标	能正确找出车门各机械部件的位置
	能独立完成车门的开关操作
	能够正确掌握车门应急装置的操作方法
	能够合作完成车门障碍物检测的试验

【知识准备】

一、车门类型

1. 按驱动方式不同进行区分

（1）电控风动门　电控风动门由压缩空气驱动传动气缸，再通过机械传动系统和电气控制系统完成车门的开关动作。机械传动系统的作用是将传动气缸活塞杆运动传递至车门，使车门动作。电气控制系统包括气动门控制、再开门控制、车门动作监视和列车控制电路连锁等，其作用是为了保证车门动作可靠和行车安全。

（2）电传动门　电传动门由电动机、传动装置（轴、磁性离合器、带轮和齿形带）、控制器、闭锁装置和紧急开门装置组成。

2. 按其用途不同进行区分

按其用途的不同，车门除了客室车门以外，还有紧急疏散门和司机室车门等。

（1）紧急疏散门（图 2-1）　列车在隧道内运行一旦发生火灾或其他险性事故时，必须疏散车上的乘客。这时司机可打开设在前后 A 车端墙中间的紧急疏散门，引导乘客通过紧急疏散门走向路基中央，然后向两端的车站疏散。

紧急疏散门为可伸缩的套节式踏级板，两侧设有扶手栏杆，中间铝合金踏板上涂有防滑漆，故乘客在上面行走时不会滑跌。其门锁在司机室内或室外都可开启，一旦门锁开启车门能自动倒向路基，并且还有缓冲器，不致使倒下的加速度过大，而使疏散门装置损坏。

（2）司机室车门（图2-2）　在司机室两侧墙上各有一扇门，用于司机上下车。可采用手动塞拉门、手动折页门或内藏式滑动门，门玻璃为活动式，门口外侧设有扶手和脚蹬。例如：单叶的内藏式滑动门，其结构与客室车门类似，只是没有气动装置，用人工开关，以供司机上下车。

图 2-1　紧急疏散门

在司机室背墙中间有一通往客室的通道门，是供司机走入客室的通道。它在客室一侧没有开门把手，乘客是不能开启这扇门的。但在其上方有一红色紧急拉手，其用途是当乘客发现司机因突发急病时，可用紧急手柄开启通道门对司机进行抢救。

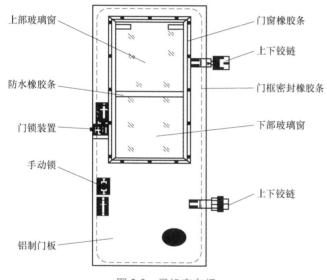

上部玻璃窗　　　　　门窗橡胶条

　　　　　　　　　　上下铰链

防水橡胶条　　　　　门框密封橡胶条

门锁装置　　　　　　下部玻璃窗

手动锁

　　　　　　　　　　上下铰链

铝制门板

图 2-2　司机室车门

3. 按其开启方式不同进行区分

（1）内藏钳入式对开侧移门（图2-3）　开关车门时门页在车辆侧墙的外墙与内护板之间的夹层内移动，传动装置设于车厢内侧车门的顶部，装有导轮的门页可在导轨上移动并与传动装置的钢丝绳或传动带相连接，借助气缸或电动机驱动传动机构，从而使钢丝绳或传动带带动门页动作。

（2）外侧移门（图2-4）　与上述内藏钳入式对开侧移门的区别仅在于开关车门时，门页均处于侧墙的外侧，车门驱动机构的工作原理与内藏钳入式对开侧移门相同。

（3）塞拉门（图2-5）　借助于车门上端的传动机构和导轨，车门开启状态时，门页贴靠在侧墙的外侧；车门在关闭状态时，门页外表面与车体外墙成一个平面，这不仅使外表美观，而且也有利于在高速行驶时

图 2-3　内藏钳入式
对开侧移门

减少空气阻力，车门不会因涡流而产生噪声，也便于自动洗车装置对车体的清洗。在车门的上方设有门页导轨，气缸（或螺杆）带动连杆机构使门页沿着导轨滑移。

图 2-4 外侧移门

图 2-5 塞拉门

（4）外摆式车门（图 2-6） 开门时通过转轴和摆杆使车门向外摆出并贴靠在车体外墙板上，门关闭后，门页外表面与车体外墙成一个平面。这种车门的结构特点为开门时具有较大的门页摆动空间。

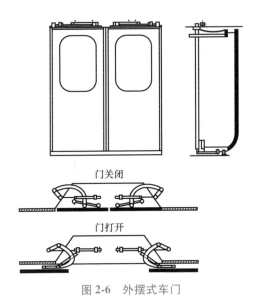

门关闭

门打开

图 2-6 外摆式车门

二、车门结构

对于不同类型的车门，其组成略有不同，但都包括门头机构、传动机构、携门架组件、运动导向、左右门页、内部紧急解锁装置、外部紧急解锁装置（乘务员钥匙开关）等机械部件，还包括电子门控单元（或气动控制单元）、电气连接、负责监测的各类行程开关、指示灯等部件。电动塞拉门车门的组成如图 2-7 所示。

（1）门头机构 客室车门的驱动电机组件、传动机构（丝杆）、铰链螺母、携门架、上导轨等都集成在门头机构上，整个机构预装好后可直接通过安装架安装在车体上，如图 2-8 所示。

（2）传动机构 电机驱动丝杆（丝杆一半左旋一半右旋），在丝杆上运动的铰链螺母组件分别通过携门架与左右门页相连，带动门页的相向运动，实现车门的开、关，如图 2-9 所示。

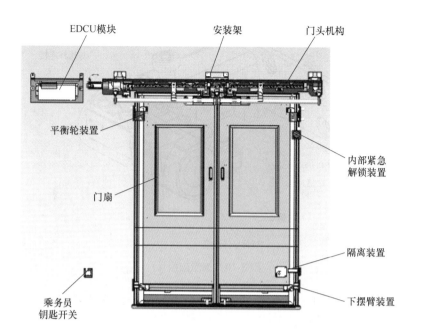

图 2-7　电动塞拉门车门的组成

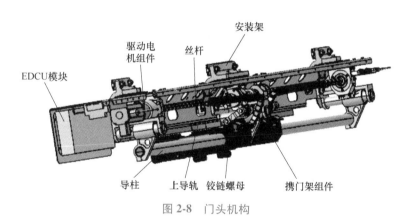

图 2-8　门头机构

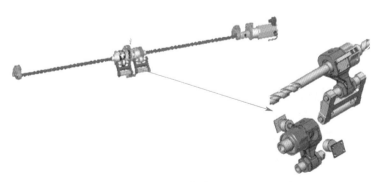

图 2-9　传动机构

（3）携门架组件（图 2-10）　携门架通过滚珠轴承在长导柱上滑动，它将力从机构传送到门扇，也把力从门扇传送到机构。

（4）运动导向　上导轨装在门头机构上，通过携门架上的滚轮与上导轨的配合实现门扇上部的运动导向。

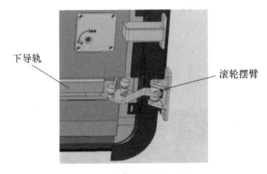

该面与门扇结合　　　　　　　　滚轮/在上滑道中运动

与丝杆连接

偏心轮1

缓冲头

偏心轮2

与长导柱连接

图 2-10　携门架组件

下导轨安装在门扇上，与安装在车体结构上的滚轮摆臂装置配合，实现门扇下部的运动导向，如图 2-11 所示。

下导轨

滚轮摆臂

图 2-11　下导轨组件

（5）内部紧急解锁装置和外部紧急解锁装置　为了能够在紧急情况下打开客室车门，在客室内每个车门的右侧内墙上装有一个内部紧急解锁装置，如图 2-12 所示。每节车厢每侧外部有一个外部紧急解锁装置，如图 2-13 所示。

　图 2-12　内部紧急解锁装置　　　图 2-13　车门外部紧急解锁装置

（6）门切除装置　在每一对门的一扇门叶上安装有门切除装置，可以机械地切除车门，在出现故障时，工作人员可以在车内或车外通过方孔钥匙切除车门。

三、车门系统功能

车门的开/关控制采用网络优先，硬线备份的原则。如果门控单元没有收到网络信号，就采用硬线传输的信号进行开关门。

1. 开关门功能

车速较低时（一般低于 5km/h），操作开门按钮，开关门信号才能接通门机构上的开关门转换继电器，从而接通开门电磁阀，由传动机构带动携门架打开车门。

操作关门按钮，断开开门继电器和开门辅助继电器电源，从而断开开关门转换继电器电源，接通关门电磁阀，使传动机构带动携门架关闭车门。

2. 重关门操作

在发出关门指令后，当门控单元因重复关门 3 次（可在 1~5 次范围内进行调节）而障碍物仍未能清除时，或门扇因其他原因未关闭或锁闭到位，发现安全联锁回路信号没有给出（司机可根据所有门关好指示灯（图 2-14a）判断，若所有门关好，该灯将常亮），此时司机操作"重关门"按钮（图 2-14b、c），使门控单元再次接收关门命令，所有门控单元将检查此时门的状态，对于没有关闭的门将再次执行关门程序和障碍检测功能，已经关闭的门不动作。若仍不能关闭，乘务员需要对该门存在的障碍物进行清除。

 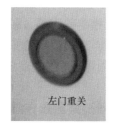 

a) 所有门关好指示灯　　b) 左侧重关门按钮　　c) 右侧重关门按钮

图 2-14　重关门操作

3. 开关车门的缓冲功能

通过调节车门上方驱动结构中的缓冲调节节流阀可实现列车车门的开关门速度大小的调节。

4. 故障隔离功能

所有车门关好是列车牵引的一个必要条件，当单门故障，整列车的车门安全联锁回路无法贯通时，乘务员可通过方头钥匙操作该门隔离装置对该门进行隔离（图 2-15）。该门被机械锁紧的同时隔离开关动作，用以旁路单门安全联锁回路，使得整列车的车门安全联锁回路贯通，从而实现列车牵引。同时，被隔离车门的"切除指示灯"将常亮。

5. 内部及外部紧急解锁功能

当操作门机上方的紧急解锁手柄时，机械锁打开，紧急解锁开关被触发，接通紧急解锁继电器，断开关门电磁阀电源，此时就可以用手将车门打开。该功能的具体实施过程，各城市地铁公司有所不同，图 2-16 所示为重庆轨道交通一、六号线地铁车辆车门内部紧急解锁装置工作状态。

6. 安全机械锁闭机构

门机上方设有机械锁钩，当车门关好后，机械锁钩将两扇车门锁紧。车门打开过程中，机械锁钩先打开，松开两扇门，驱动气缸才能将两扇车门打开。

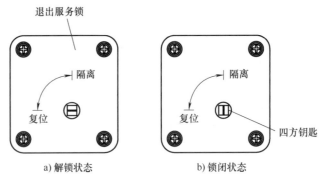

图 2-15 车门故障隔离开关

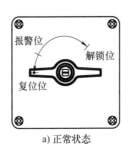 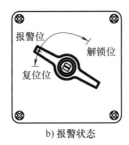 

图 2-16 车门内部紧急解锁

7. 零速保护功能

车门控制电路中接有零速信号，确保列车只有在零速度（车速在 5km/h 以下）及相关条件允许时才能接通开门电路。

该零速信号在 ATO（列车自动驾驶系统）驾驶及有 ATP（列车自动保护系统）防护的人工手动驾驶时，由 ATC（列车自动控制系统）车载设备提供；在无 ATP 防护的人工手动驾驶时，一般由列车牵引系统提供零速信号。

8. 障碍探测功能

如果车门在关闭过程中碰到障碍物，车门可在障碍物位置自动打开，再重新关闭。如果障碍物仍然存在，则车门可循环打开再关闭。循环次数各地铁公司可根据实际运营情况进行调整，一般 2～3 次后，障碍物仍未消除，则车门在障碍物位置上打开后保持不动。此时，司机可清除障碍物后，操作再开闭按钮进行关门动作。

9. 声音及指示灯

开门和关门时蜂鸣器分别以不同频率鸣叫，提醒乘客车门正在开启或关闭。

（1）车侧灯 每个车门的关门到位开关提供一组常闭触点，触点一端接电源 DC 110V，然后将本车同一侧两个车门的此触点并联后接车侧灯。当两个车门都关好时，触点都处于断开状态，侧灯熄灭；只要有一个车门未关好，侧灯点亮。

（2）关门指示灯及绿色环线 每个车门的关门到位开关提供一组常开触点，紧锁开关提供一组常闭触点串联后和隔离开关一组常开触点并联组成绿色环线。将一组车所有车门的绿色环线串联在一起组成安全回路，安全回路一端接电源 DC 110V，另一端接安全继电器，安全继电器提供一组常开触点接"所有门关好"指示灯。当所有车门都关好时，安全回路接通，安全继电器吸合点亮"所有门关好"指示灯。只要有一个车门没有关好，安全回路都无法使安全继电器吸合点亮"所有门关好"指示灯。

【收集信息】

1. 简要说出车门的组成与作用。

_____

_____

_____

2. 归纳总结车门的类型及其特点。

_____

_____

_____

3. 请设计以下三类车门装置的操作要点和注意事项。

名　　称：_____

操作要点：_____

注意事项：_____

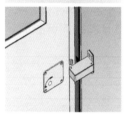

名　　称：_____

操作要点：_____

注意事项：_____

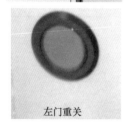

左门重关

名　　称：_____

操作要点：_____

注意事项：_____

【制订计划】

　　请根据描述的现象和任务要求，确定所需的维护仪器、工具和材料，并对小组成员进行合理分工，制订详细的操作计划。

　　1. 请在下表中选择在检修中可能用到的工具、量具和材料（表2-1）。（在对应的选项中打√即可）

表 2-1　工具、量具和材料

工具、量具名称	选择	
工具桌	□可能	□不可能
记录笔	□可能	□不可能
工作服	□可能	□不可能
安全帽	□可能	□不可能

（续）

工具、量具名称	选择	
四角钥匙	□可能	□不可能
三角钥匙	□可能	□不可能
润滑油	□可能	□不可能
清洁布	□可能	□不可能
障碍物模型	□可能	□不可能
测力计	□可能	□不可能

2. 小组成员分工（表 2-2）。

表 2-2　车门系统的使用与操作人员分配表

任务名称				日期	
班组名称		组长		监督员	
操作员		观察员		展示员	
注意事项					

3. 在操作车门之前，先要确认_____、_____、_____。

4. 操作过程中，需要特别注意：

① 正常开关门操作：_____；

② 内、外部紧急解锁操作：_____；

③ 重关门操作：_____；

④ 障碍物检测：_____；

⑤ 故障隔离操作：_____。

【实施计划】

填写本组制订的检查作业记录单，并完成以下内容。

1. 自动开关门操作，通过门列车线激活开/关门命令，检查车门移动的_____，检查开/关门时间_____，确保在开/关门结束时电动机没带电。

2. 手动开门力测试，操作内、外部紧急解锁装置，在一个门页上安装玻璃吸盘，在测试过程中测力计保持与门页水平面平行，从开门位置开始到未进入弯道位置结束，要求手动开关门力小于_____。

3. 在紧急情况下需要从客室内打开门时，必须首先打开盖板或由被授权人员使用专用钥匙，然后操作内部紧急解锁装置，实现_____。

4. 紧急操作后，紧急解锁信号可以传给_____，并能在列车司机控制屏上显示哪个门的解锁装置被启动。

5. 如果个别门系统因为机械或电气故障而要求某一门单独退出服务时，首先保证该门处于关闭状态下，被授权人员才可以用_____打开罩板并转动位于驱动机构组成上的隔离锁组成，使驱动机构组成机械锁闭，并同时触发_____，提供该客室门系统被隔离锁闭信号，进而隔离该门系统电路，从而使该门系统退出服务而其他门不受其影响。

6. 当该门被隔离后，处于客室内部罩板上的_____（_____色）亮起，对乘客起到指示作用。

7. 障碍物检测功能中最小检测障碍物大小为_____ mm×_____ mm（宽×高），在正常关门时如果遇到障碍物，最大关门力持续 0.5s 后，车门重新打开至 200mm，再重新关闭。如果障碍物仍旧存在，这一循环将再循环一次。当障碍物探测达到_____次，车门应处于打开 200mm 时状态，由司机再次操作_____可将门关闭。

【检查与控制】

观察员对操作员的工作过程评分，具体评分细则见表 2-3。

表 2-3 车门系统的使用与操作评分表

序号	考核项目	考核内容及要求（评分要点）	配分	评分标准	得分
1	作业前准备	确认试验车门系统通电	10	未断电操作扣 10 分	
2	内外部紧急解锁装置	1. 操作步骤正确 2. 能正常手动开门 3. 按照规定复位 4. 规范填写记录	20	遗漏一项，扣 5 分	
3	障碍物检测功能	1. 操作过程安全规范 2. 工具材料选择正确 3. 正确完成障碍物检测试验 4. 规范填写记录	20	遗漏一项，扣 5 分	
4	故障隔离装置	1. 正确选择操作工具 2. 准确判断故障点符合隔离开关的操作条件 3. 准确操作故障隔离开关 4. 按照规定填写记录	20	遗漏一项，扣 5 分	
5	重关门操作	1. 准确判断重关门操作按钮的使用条件 2. 正确使用重关门操作开关	20	遗漏一项，扣 10 分	
6	安全保护	正确穿戴劳保用品	10	穿戴不规范扣 10 分	
	总分		100	得分	

观察员：　　　　　　　　　操作员：　　　　　　　　　时间：

【评价反馈】

1. 自我评价

我做得好的地方	我还存在这些方面的问题
□ 动作准确	□ 动作不到位
□ 工具使用规范	□ 工具使用不规范
□ 安装步骤熟悉	□ 安装步骤不熟悉
□ 零件摆放整齐	□ 工具摆放不整齐
□ 操作用时合理	□ 操作用时过长
□ 工作态度端正	□ 工作态度不够端正

2. 小组评价

我们组做到了：□ 全员参与　□ 分工明确　□ 工作高效　□ 完成了工作任务

3. 教师评价

评价内容	评价指标	等级（星级评定）
1. 综合素养方面	1）态度是否积极，是否主动组织或参与活动 2）与小组同学合作是否良好 3）活动是否认真、善始善终 4）是否勇于克服困难	
2. 知识技能方面	1）查阅资料技能 2）实地观察记录能力 3）调查研究能力 4）整理材料能力	

【知识巩固】

一、填空题

1. 车门的开/关控制采用_____，_____的原则。

2. "门模式选择"开关位于_____，有 4 个档位：自动开自动关、_____、_____、OFF。

3. 允许操作"开门"的前提是_____。

4. 司机操作"重关门"按钮，使门控单元再次接收关门命令，所有门控单元将检查此时门的状态，对于没有关闭的门将再次执行_____和_____，已经关闭的门不动作。

二、不定项选择题

1. 当单门故障导致整列车的车门安全联锁回路无法贯通时，可操作（　　）使得整列车的车门安全联锁回路贯通，从而实现列车牵引。

A. 单门隔离操作　　B. 紧急解锁操作　　C. 车门旁路开关

2. 下列关于紧急解锁操作，说法错误的是（　　）。

A. 在紧急情况下手动开门

B. 可以在车门没有收到"零速和门使能"信号时直接操作

C. 紧急解锁装置位于车门外侧

3. 下列车门操作按钮中，哪个为灰色标示（　　）。

A. 开门操作　　　　B. 单门隔离操作　　C. 重关门操作

4. 下列城市轨道交通车辆车门系统中，属于按照驱动系统的动力来源分类的车门是（　　）。

A. 塞拉门　　　　　B. 电动门　　　　　C. 电控风动门　　　　D. 外摆门

5. 按照用途不同，车门除了客室车门外，还有（　　）。

A. 司机室侧门　　　B. 司机室通道门　　C. 电动门　　　　　　D. 紧急疏散门

任务二 客室车门的安装和调整

【任务描述】

某地铁公司有部分车辆的维护进入年检修程，由车辆检修班组执行客室车门调整的检修任务，请根据要求进行任务分解和实施。

【学习目标】

目标名称	目标内容
知识目标	能理解车门维护调节的要求和内容
技能目标	能够理解客室车门的安装步骤
	能够小组合作完成车门 V 形、平行度、对中的调节
	熟悉车门调整工具及设备的使用
	能按 6S 管理规定进行作业

【知识准备】

一、安全注意事项、所需工具、物料及作业前准备

1. 安全注意事项

1）在车门的整个安装调试过程中，必须切断电源，只有在最终检查完毕后才可接通电源。不要在门运动时，进行零件的调试，防止被挤压。

2）工作环境必须清洁安全。

3）为避免车体变形，建议在整个的安装过程中将车体放在标准的水平轨道上，或将车体水平放置在支架上，制动处于"ON"位置。

4）打开门罩板时谨防磕伤：注意车门与平台之间的间隙，谨防踏空受伤。

5）调试结束后，主要部件上的所有紧固件（机构、压轮、下滚轮摆臂、内外紧急操作装置等）都必须用额定力矩旋紧，并打上螺纹锁固胶，用标记油漆进行标记（用于识别螺纹紧固性）。

6）携门架的安装螺钉不要使用螺纹锁固胶锁固。

7）安装操作必须由有资质的机械人员和电气人员谨慎进行，需熟知门头机构组成和操作要领，特别是手册提供的技术信息。

8）对车门进行调试时，须使用 DC 110V（77~121V）供电装置。

9）安装或搬运过程中，严禁用手直接接触机构导柱表面，以免导柱生锈。一

旦直接接触，应及时在导柱表面上涂防锈油。

2. 所需工具及物料

方孔钥匙、钢卷尺、两用扳手、十字螺钉旋具、棘轮扳手、内六角扳手、扭力扳手、锉刀、防夹挡块（25mm×60mm）、螺栓（MS、M6、M8、M10等）、无纺布、手套、清洁剂、记号笔等。

3. 作业前准备

1）劳保用品穿戴整齐。

2）工器具准备齐全。

3）确认列车挂好禁动牌、红闪灯。

注：检修过程中，左右之分是根据观察者站在车厢内部面向门看来判定的。

二、客室车门的安装

1. 客室门门头机构安装

客室门门头机构安装如图 2-17 所示。

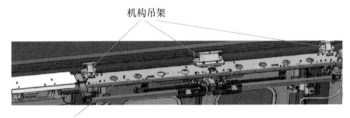

机构吊架

门头机构

图 2-17 客室门门头机构安装

1）承载驱动机构通过 T 形螺栓及螺母安装在车体上，同车体连接处设有调整垫片，如图 2-18 所示。

2）安装支架通过 T 形螺栓安装在车体上，如图 2-19 所示。

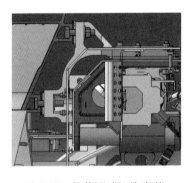

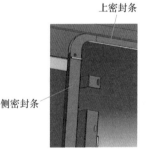

上密封条

侧密封条

图 2-18 承载驱动机构安装　　　图 2-19 支架安装

3）上密封条和左右密封条通过 T 形螺栓安装在车体的 T 形槽上，如图 2-20 所示。

4）上部密封条左右拼焊门密封圆角，同左右密封搭接实现车门上部左右圆角的密封。左右密封条下部拼焊圆角，同门槛搭接实现车门下部左右圆角的密封。

2. 客室门门槛及嵌块安装

嵌块和门槛连接采用现配孔铆钉铆接，门槛通过沉头螺钉和滑块配合固定在车体的安装座上，如图 2-21 所示。

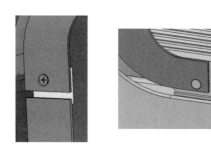

图 2-20　密封条安装

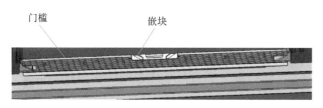

图 2-21　嵌块和门槛连接

3. 客室门页安装

安装门头机构后利用紧固件将门页安装到携门架上，如图 2-22 所示。

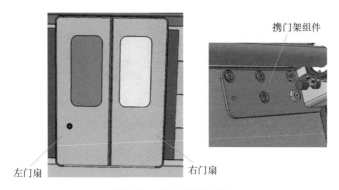

图 2-22　客室门页安装

4. 门边附件安装

门边附件（平衡轮、隔离开关组件、摆臂组件）通过 T 形螺栓与门立柱上的 T 形槽配合，如图 2-23 所示。

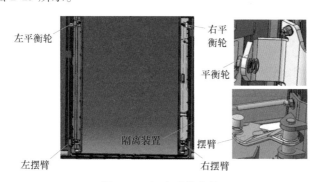

图 2-23　门边附件安装

5. 内部紧急解锁装置安装

内部紧急解锁装置通过安装支架与车体连接，安装支架通过 T 形螺栓安装在车体立柱上，如图 2-24 所示。

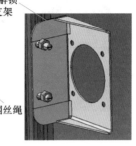

图 2-24　内部紧急解锁装置安装

6. 外部紧急解锁装置安装

外部紧急解锁装置通过沉头螺钉与车体上的铆螺母配合，安装在车体侧墙上，如图 2-25 所示。

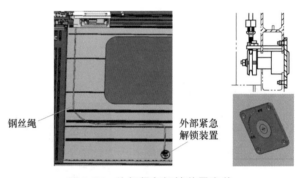

图 2-25　外部紧急解锁装置安装

三、客室车门的调节

1. 门页 V 形调节

调节方法：

1）将两个门扇处于直道中。

2）松开携门架上的固定螺钉（不要完全松开）。

3）用扳手旋转偏心。

4）相继调节两个门扇。

5）保证上部比下部大 2~5mm（图 2-26）。

6）重新旋紧固定螺钉。

2. 门页平行度调节

调节方法：

1）找到携门架和滑筒组件连接处的偏心轮。

2）用扳手轻微松开携门架上的 5 个螺钉。

3）旋转偏心轮，使门板外侧与密封面平行。

4）调整完毕后旋紧偏心轮上的紧固螺钉。

3. 门页对中调节

调节方法，如图 2-27 所示：

1）松开螺母组件上的 4 个 M20 的大螺母。

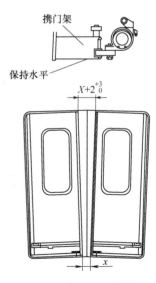

图 2-26　门页 V 形调节

2）要求门关上后，门扇护指胶条间距为（44.3±4）mm。

3）调节完成后将放松螺母旋紧。

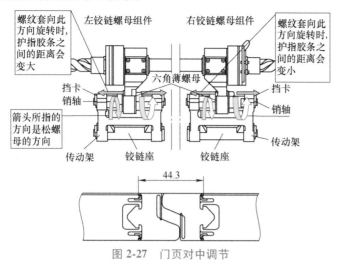

图 2-27 门页对中调节

4. 上部平行度调整

调节方法，如图 2-28 所示：

1）松开上滑道前面的紧固螺钉。

2）调整上滑道的前后相对位置。

3）要求门页处于直道与弯道的交接口时，门扇外侧到车体外侧的距离为（52±2）mm。

4）调整完毕后旋紧紧固螺钉。

5. 下部平行度调整

调节方法，如图 2-29 所示：

1）松开固定摆臂组件的螺钉。

2）前后调整摆臂的位置。

3）要求门处于开到位状态时，门扇下部到门槛密封面的距离为（52±2）mm。

4）调整完毕，旋紧固定螺钉。

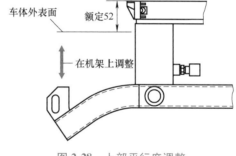

图 2-28 上部平行度调整

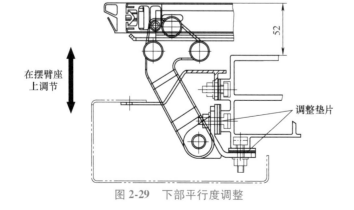

图 2-29 下部平行度调整

【收集信息】

1. 写出下面三组工具的名称及使用方法。

_____ _____ _____

2. 复述车门安装作业时的安全注意事项。

_____

_____

【制订计划】

1. 请填写工具、量具及材料的统计表（表2-4）。

表2-4　工具、量具及材料的统计表

工具、量具名称	选择	
工具桌	□可能	□不可能
记录笔	□可能	□不可能
工作服	□可能	□不可能
安全帽	□可能	□不可能
方孔钥匙	□可能	□不可能
十字螺钉旋具	□可能	□不可能
棘轮扳手	□可能	□不可能
扭力扳手	□可能	□不可能
防夹挡块	□可能	□不可能
螺栓	□可能	□不可能
锉刀	□可能	□不可能
禁动牌	□可能	□不可能
红闪灯	□可能	□不可能

2. 小组成员分工（表2-5）。

表2-5　客室车门的安装和调整人员分配表

任务名称			日期	
班组名称		组长	监督员	
操作员		观察员	展示员	
注意事项				

3. 请根据车门检修的作业指导书，制订本组的作业流程。

📅 【实施计划】

请根据本组制订的作业流程，依次完成车门的调整，并填写检查结果（表 2-6）。

表 2-6 车门调整检查结果

作业项目	作业标准	检查结果
门页 V 形调节	1. 左右门页上部尺寸比下部尺寸大 2~5mm	
	2. 上下滑道无卡滞，没有被摆臂组件夹持	
	3. 螺钉及偏心轮螺钉紧固，放松标记清晰	
门页平行度调节	1. 携门架安装面与导柱平行	
	2. 门板外侧与密封面平行	
	3. 拧紧螺钉时，偏心轮无转动	
门页对中调节	门关上后，门扇护指胶条间距为（44.3±4）mm	
上部平行度调整	1. 门扇外侧到车体外侧的距离为（52±2）mm	
	2. 左右门页的上部摆出距离的差值不超过±2mm	
下部平行度调整	门扇下部到门槛密封面的距离为（52±2）mm	

💻 【检查与控制】

观察员对操作员的工作过程评分，具体评分细则见表 2-7。

表 2-7 客室车门的安装与调整评分表

序号	考核项目	考核内容及要求（评分要点）	配分	评分标准	得分
1	门页 V 形调节	1. 左右门页上部尺寸比下部尺寸大 2~5mm	10	遗漏一项，扣 10 分	
		2. 上下滑道无卡滞，没有被摆臂组件夹持	10		
		3. 螺钉及偏心轮螺钉紧固，放松标记清晰	10		
2	门页平行度调节	1. 携门架安装面与导柱平行	8	遗漏一项，扣 8 分	
		2. 门板外侧与密封面平行	8		
		3. 拧紧螺钉时，偏心轮无转动	8		
3	门页对中调节	门关上后，门扇护指胶条间距为（44.3±4）mm	10	尺寸不正确扣 10 分	

（续）

序号	考核项目	考核内容及要求 （评分要点）	配分	评分标准	得分
4	上部平行度调整	1. 门扇外侧到车体外侧的距离为（52±2）mm	8	尺寸不正确扣8分	
		2. 左右门页的上部摆出距离的差值不超过±2mm	8	尺寸不正确扣8分	
5	下部平行度调整	门扇下部到门槛密封面的距离为（52±2）mm	10	尺寸不正确扣10分	
6	工具、量具使用	使用方法得当，有安全意识	10	使用不得当，一次扣2分	
	总分		100	得分	

观察员：　　　　　　　　　　操作员：　　　　　　　　　　时间：

 【评价反馈】

1. 自我评价

我做得好的地方	我还存在这些方面的问题
□ 动作准确	□ 动作不到位
□ 工具使用规范	□ 工具使用不规范
□ 安装步骤熟悉	□ 安装步骤不熟悉
□ 零件摆放整齐	□ 工具摆放不整齐
□ 操作用时合理	□ 操作用时过长
□ 工作态度端正	□ 工作态度不够端正

2. 小组评价

我们组做到了：□ 全员参与　　□ 分工明确　　□ 工作高效　　□ 完成了工作任务

3. 教师评价

评价内容	评价指标	等级（星级评定）
1. 综合素养方面	1）态度是否积极，是否主动组织或参与活动 2）与小组同学合作是否良好 3）活动是否认真、善始善终 4）是否勇于克服困难	
2. 知识技能方面	1）查阅资料技能 2）实地观察记录能力 3）调查研究能力 4）整理材料能力	

【知识巩固】

一、填空题

1. 准备作业时，应确认列车挂好_____、_____。

2. 在车门的整个调试过程中，必须_____，在最终检查完毕后才可接通电源。

3. 为避免车体变形，建议在整个的安装过程中将车体放在标准的＿＿＿＿＿＿＿＿轨道上，或将车体水平放置在支架上，制动处于"＿＿＿＿＿＿＿＿"位置。

4. 对门进行调试时，须使用＿＿＿＿＿＿＿＿供电装置。

5. 在对车门进行 V 形调整时，使用扭力扳手的规定值＿＿＿＿＿＿＿＿进行螺钉紧固。

二、简答题

1. 简述车门门头机构的安装步骤。

2. 简述车门 V 形调整的方法步骤。

3. 门页对中调整中，左门板与车体门框左侧间距为 16mm，右门板与车体门框右侧间距为 22mm，需怎样调整？

任务三 车门系统的维护

【任务描述】

某地铁1号线0105406车需进行车门系统的维护修程，请同学们模拟车辆段检修人员进行车门系统的维护并完成相关任务。

【学习目标】

目标名称	目标内容
知识目标	能掌握塞拉门的维护作业过程
	培养安全文明生产的意识
技能目标	能正确检查车门各装配部件的螺钉紧固情况及放松标记线是否明确
	能检查车门系统润滑情况
	能够准确使用工具、量具
	能够保持场地整洁

【知识准备】

客室车门日检主要为外观检查和带电功能测试，月检和年检包含有车门外观检查及清洁、车门部件功能检查及尺寸测量，车门尺寸调整、客室车门有电作业和车门部件的润滑。

一、车门外观检查及清洁

1）使用方孔钥匙打开车门顶板，用抹布蘸取适量清水擦拭侧顶板内部积尘较多的位置。检查顶板开关是否存在卡滞，要求转动灵活无异响；紧固件防松标记清晰无错位。

2）检查动态地图外观有无损伤、线缆固定情况、紧固件防松标记是否完好。

3）检查车门指示灯外观有无损伤、松动，检查线缆固定情况。

4）检查车门承载机构外观有无损伤，安装紧固件防松标记是否清晰无错位。

5）检查断合门控器电源开关功能，要求开关档位清晰，操作无卡滞。检查门控器及路子排外观有无损伤，安装紧固件防松标记是否完好，手动检查电缆及插头连接是否牢固。

6）检查蜂鸣器外观有无损伤，线缆固定情况，安装紧固件防松标记是否完好。

7）检查丝杆安装座及 S3 行程开关外观有无损伤，线缆固定情况，安装紧固件防松标记是否完好。车门打开到合适位置，用手触摸丝杆锁闭端，检查丝杆是否存在毛刺，若有毛刺则用锉刀修锉去除。年检时，还需用抹布将丝杆上的脏油擦拭干净，便于在后续工序中，对车门部件进行润滑。

8）检查 S1、S4 行程开关组件及撞块的外观有无损伤、安装是否紧固、回位弹簧功能是否正常、线缆插头是否存在松动、安装紧固件防松标记是否完好。拨动 S1、S4 行程开关组件的滚轮并释放，要求滚轮无卡滞或异常磨损、无虚接、弹簧无过紧或过松现象。如出现问题，及时进行更换。

9）检查驱动电机外观有无损伤、检查线缆固定情况，安装紧固件防松标记是否完好。

10）检查螺母副及传动机构外观、插销片（挡卡）、紧固件防松标记是否完好。

11）检查上滑道外观有无损伤，两端的安装紧固件防松标记是否完好。

12）检查挂架外观有无损伤，下部的安装紧固件是否松动；检查两侧挂架与长导柱的安装是否牢固。

13）擦拭长、短导柱表面；检查长、短导柱表面是否存在锈蚀。

14）使用无纺布擦拭携门架直线轴承表面，去除两端油脂，要求表面无异物，两端无油脂；检查两端卡簧安装是否牢固，检查注油塞安装是否牢固。

15）检查携门架外观有无损伤，与门页的安装紧固件状态；检查接地线及其紧固件；检查上滑道滚轮外观及转动状态，要求无磨损且转动灵活；检查橡胶止挡外观及紧固件状态。要求携门架整体功能完好，各紧固件防松标记无错位。

16）检查坦克链，要求无破损、动作灵活无卡滞。

17）检查并清洁门页、玻璃及门页四周胶条，要求门页外观整洁无油污、无损伤，玻璃无破损；门页四周胶条无损坏、脱落，门页与车体之间密封到位。

18）将门打开至全开位，清洁并检查压轮外观有无损伤，转动是否灵活，安装紧固件防松标记是否完好：清洁并检查下摆臂组件外观有无损伤，滚轮转动是否灵活，是否存在松动。

19）将车门开到合适位置，清洁并检查嵌块表面有无异常损伤、安装是否牢固。

20）将车门关闭，用手轻拉下滑道，检查下滑道是否松动并用抹布清洁；检查门页是否存在明显污渍或异常损伤。若存在明显污渍，则用清洁剂与无纺布清洁门页。

二、车门部件的润滑

（1）上滑道润滑 将车门打开至全开位置，用毛刷或手套将润滑脂均匀涂于左右上滑道弯道的两侧内表形成均匀的油脂薄膜。

（2）丝杆及丝杆中间支架润滑 将车门打开至全开位置，用毛刷或手套将适量润滑脂均匀涂于支架及丝杆表面，手动开关门 2~3 次，使油脂均匀涂抹到丝杆工作表面，将多余油脂回收。

（3）长、短导柱润滑 将车门打开至全开位置，用毛刷蘸取适量润滑脂，将润滑脂均匀涂于长导柱表面，手动开关门 1~2 次，使导柱表面形成均匀油膜，将多余油脂回收。同样方法润滑短导柱。

（4）压轮及下摆臂滚轮润滑 将车门打开至全开位置，用毛刷或手套将润滑脂均匀涂于左右压轮表面及转轴位置，保证压轮表面形成均匀的油脂薄膜，中间转轴位置允许存在小块状油脂。同样方法润滑左右下摆臂滚轮表面及转轴。

（5）下滑道滑润　将车门关闭，用手套将润滑脂均匀涂于左右门页下滑道内表面，使下滑道内表面形成均匀的油脂薄膜，下滑道外表面不需润滑。

（6）直线轴承注油　将注油枪头卡到直线轴承的注油塞上，操作注油枪，从注油孔进行注油，单个直线轴承注油量为 15～20g，直到直线轴承新油溢出，则停止注油。

（7）密封胶条润滑　将门打开至合适位置，用无纺布擦拭胶条表面，将橡胶保护剂均匀喷在橡胶条上。

三、客室车门带电作业

（1）开关门功能检查

1）在司机室中操作开、关门按钮，检查车门开关情况，观察显示屏显示的车门状态。

2）检查每扇车门在开闭时，车门灯及蜂鸣器的状态。开门时蜂鸣器报警，黄色指示灯闪烁，门开启到位后黄色指示灯常亮，车门关闭后黄色指示灯灭。

（2）紧急解锁功能检查　需两人共同完成检查工作：一人在客室转动紧急解锁手柄，尝试打开车门，检查车门内部解锁功能及指示灯状态，要求车门可打开，且黄色指示灯常亮，蜂鸣器发出报警声；一人在司机室通过显示屏观察当前的车门状态是否为紧急解锁状态。

（3）门隔离功能检查　需两人共同完成检查工作：一人在客室操作门隔离开关，将开关打到隔离位，检查车门隔离功能及指示灯状态，内部红色指示灯常亮，黄色指示灯灭；一人在司机室通过显示屏观察当前的车门状态，确认车门被隔离后利用广播向客室人员确认车门状态；客室人员在得到司机室人员确认后，将开关打到恢复位。

（4）外部解锁功能检查　需两人共同完成检查工作：一人在车外操作外部解锁，检查车门外部解锁功能及指示灯状态，车门可以被打开，此时黄色指示灯常亮，蜂鸣器发出报警声；一人在司机室通过显示屏观察当前车门的状态是否为紧急解锁状态。

（5）车门防夹功能测试　一人在司机室操作开门按钮，将两侧车门全部打开，在进行广播后，操作一侧关门按钮，将一侧车门关闭，在客室人员进行防夹功能测试时，观察显示屏上是否显示车门防夹图标。通过司机控制台的视频监控观察客室的实际操作情况，对关门情况进行再确认。在确认此侧车门全部关好后，再关闭另一侧车门，重复以上测试。

在客室的人员，在车门开始关闭时，使用 25mm×60mm 防夹挡块，测试正在关闭的车门防夹功能，按顺序测试车门上部、中部、下部三个位置。要求车门防夹功能正常，车门在第三次关闭受阻时全开。

（6）维护按钮功能测试　将司机室任意一端 ATPFS（ATP 故障开关）置于隔离位，将门隔离开关打到隔离位，过 10～30s 后，恢复门隔离开关。操作车门维护按钮两次，检查 EDCU 上的维护按钮功能。激活维护按钮时，门打开到全开位，再次操作维护按钮，则车门执行关门命令。

（7）清理　将所有设备恢复；将所有工具、未使用完的耗材出清，垃圾清理完毕。

【收集信息】

1. 试列举车门系统维护时所需要用到的检修工具。

2. 写一写车门系统带电作业时的注意事项。

【制订计划】

请根据描述的现象和任务要求，确定所需的维护仪器、工具和材料，并对小组成员进行合理分工，制订详细的操作计划。

1. 请在下表中选择在检修中可能用到的工具和材料（表 2-8）。（在对应的选项中打√即可）

表 2-8　车门系统的维护可能用到的工具和材料

工具名称	选择	
工具桌	□可能	□不可能
记录笔	□可能	□不可能
工作服	□可能	□不可能
安全帽	□可能	□不可能
四角钥匙	□可能	□不可能
强光手电筒	□可能	□不可能
内六角扳手	□可能	□不可能
28mm 测试块	□可能	□不可能
呆扳手	□可能	□不可能
禁动牌	□可能	□不可能
橡胶锤	□可能	□不可能
清洁剂	□可能	□不可能
润滑油	□可能	□不可能
螺纹锁固胶	□可能	□不可能
抹布、毛刷	□可能	□不可能

2. 小组成员分工（表 2-9）。

表 2-9　车门系统维护人员分配表

任务名称			日期	
班组名称		组长	监督员	
操作员		观察员	展示员	
注意事项				

3. 根据小组分工认领工具，制订作业步骤。

【实施计划】

根据本组制订的作业步骤，完成车门系统的维护作业，并填写检查结果（表 2-10）。

表 2-10　车门系统维护检查结果

作业项目、内容	作业标准及要求	检查结果
打开车门顶板	一手扶住车门顶板，另一只手用 7 号方孔钥匙打开车门顶板上的两个方孔锁，并拉开车门顶板，检查开合是否灵活	
检查门解锁功能	将紧急开门手柄按箭头方向顺时针旋转到垂直位置，车门可以正常解锁	
门解锁恢复	将紧急开门手柄按逆时针方向旋转到水平位置	
检查左右门页	检查车门左右门页、门玻璃密封橡胶外观状态无损坏或破裂，脱漆面积不超过 900mm^2；双手先向外推，再向两侧推开客室车门，检查左侧门页与车体间隙，应无摩擦；锁钩挡销安装紧固，锁钩无裂纹；滑道无变形，手动检查滑道内四颗螺钉无折断，两侧摆臂滚轮转动灵活	
检查门头机构	嵌块导槽内无异物；螺钉齐全，防松线无错位，偏心轮紧固件无松动，检查携门架与套筒连接螺栓，要求螺栓齐全，防松线无错位；开门止挡状态良好、螺栓齐全，防松线无错位；安装螺栓紧固件无松动，防松线无错位；轴承移动灵活，注入新润滑脂至旧油脂全部排除；对丝杆进行清洁检查并重新涂润滑脂，检查左、右丝杆转动灵活，清洁后表面无划痕；重新涂润滑脂，涂抹均匀	
检查行程开关及电机	在开门状态下，检查关到位开关 S4、锁到位开关 S1 及紧急解锁开关 S3 的状态及其安装螺钉状态。开关处于关闭位置（行程开关被压下），无损坏，紧固件无松动；电机电缆外观及接头无破损、无松脱状态	
检查门开关情况	用手指拉客室车门门页与玻璃连接处，手动开关门，门页应移动灵活，无卡滞、无异响，然后将门页关上、锁紧	
清理现场	作业完成后清理现场，确认所携带的检修工具、材料齐全，未遗留在作业现场	

【检查与控制】

观察员对操作员的工作过程评分，具体评分细则见表 2-11。

表 2-11　车门系统维护评分表

序号	考核项目	考核内容及要求 （评分要点）	配分	评分标准	得分
1	作业前准备	按照要求着装，并确认悬挂禁动牌	20	未按规定着装扣 10 分 未悬挂禁动牌扣 10 分	
2	车门系统外观检查及清洁	1. 作业动作规范 2. 检查顺序正确 3. 按照规定复位 4. 规范填写记录	30	遗漏一项，扣 7 分	
3	车门部件润滑	1. 润滑脂选择正确 2. 涂抹方法规范 3. 记录填写规范	20	遗漏一项，扣 5 分	
4	车门带电作业	1. 成员分工明确 2. 调试顺序规范 3. 记录填写规范	30	遗漏一项，扣 10 分	
		总分	100	得分	

观察员：　　　　　　　　　　操作员：　　　　　　　　　　时间：

【评价反馈】

1. 自我评价

我做得好的地方	我还存在这些方面的问题
□ 动作准确	□ 动作不到位
□ 工具使用规范	□ 工具使用不规范
□ 安装步骤熟悉	□ 安装步骤不熟悉
□ 零件摆放整齐	□ 工具摆放不整齐
□ 操作用时合理	□ 操作用时过长
□ 工作态度端正	□ 工作态度不够端正

2. 小组评价

我们组做到了：□ 全员参与　□ 分工明确　□ 工作高效　□ 完成了工作任务

3. 教师评价

评价内容	评价指标	等级（星级评定）
1. 综合素养方面	1）态度是否积极，是否主动组织或参与活动 2）与小组同学合作是否良好 3）活动是否认真、善始善终 4）是否勇于克服困难	
2. 知识技能方面	1）查阅资料技能 2）实地观察记录能力 3）调查研究能力 4）整理材料能力	

【知识巩固】

一、判断题（正确打"√"，错误打"×"）

1. 物质的燃点越低、越不容易引起火灾。 （ ）

2. 人身着火时不能奔跑，应就地打滚。 （ ）

3. 当生产和安全发生矛盾时，要把生产放在首位。 （ ）

4. 触电的危险程度完全取决于通过人体的电流大小。 （ ）

5. 客室车门日检主要为外观检查和带电功能测试。 （ ）

二、简答题

1. 简述车门外观检查及清洁的主要内容。

2. 简述车门系统维护的重要性。

3. 简述车门隔离开关的检查方法。

4. 简述丝杠润滑的步骤。

5. 简述门隔离装置的带电调试的作业流程。

──── **延 伸 阅 读** ────

李向前是中国铁路郑州局集团有限公司洛阳机务段首席技师，洛阳机务段宝丰检修车间内燃机车钳工。1995 年，他从一所铁路中等专业学校毕业后，来到洛阳机务段宝丰检修车间，从此与内燃机车结缘。从事铁路机车检修 24 年，他累计检修机车 5000 余台，维修、复检内燃机车 1.2 万余台，全部达到"零故障、零问题、零疏漏"的标准。由他负责的"李向前机车钳工技能大师工作室"，被授予"全国工人先锋号"称号，他也被誉为"铁路工匠"。

人们常说，火车跑得快，全凭车头带。李向前就是机车的医生，练就了内燃机车检修"望、闻、问、切"的绝活，矢志让乘客放心、让列车安全。

修机车，是需要精研的技术活。把"趴窝"的火车修好，是一件颇有成就感的事。怎么才能样样行、样样通、样样精？李向前有着一股"找茬儿"精神，从问题里琢磨、在过程中积累。他还有一种创新意识，先后带队解决了数十项技术难题，一些工作方法还被编入了教材。参加工作以来，李向前始终保持着劳动者本色，作为"蓝领专家"一直亲检亲修，"在一线干活心里踏实"。一步一个脚印的努力，一点一滴的创造，以个人的无数小进步助推一个行业迈大步。

【学而思】

1. 结合李向前的事迹，谈谈学历与个人发展之间的关系。

2. 对于"工人"这个身份，你有何独特的看法？现代科技发展迅速，智能运维已经是大势所趋，你认为"检修工"应如何提高自己而不被时代淘汰呢？

项目三
城市轨道交通车辆转向架认知与检修

　　转向架也被称为走行部，作为一个与车体相对独立的部件引导车辆沿线路行驶，承受来自轨道及车体的各方向的载荷并缓和其带来的冲击。转向架主要由构架、轮对、轴箱装置、弹簧减振装置和基础制动装置等组成。因此，本项目的学习任务分为：

任务一　转向架的拆卸和组装
任务二　转向架的修程及检修限度
任务三　转向架构架的检修
任务四　转向架轮对的检修
任务五　转向架轴箱装置的检修
任务六　转向架闸瓦的更换
任务七　弹性悬挂装置的维护

| 任务一 | 转向架的拆卸和组装 |

【任务描述】

某地铁车辆运行一段时间之后需要进行大修，一班组接到转向架的大修任务，将对转向架进行整体拆卸、检修和组装。

【学习目标】

目标名称	目标内容
知识目标	能掌握转向架各结构的名称
	能叙述拆装转向架的步骤
	会正确选择拆装转向架所需要的工具
技能目标	能与他人合作完成转向架的拆装
	能独立完成操作结果的记录

【知识准备】

一、转向架的结构

转向架主要由构架、悬挂装置（一系和二系）、牵引装置、轴箱装置、轮对和基础制动装置组成。

（1）构架　构架是转向架的骨架，分为动车用构架和拖车用构架，其结构的主干部分完全相同，都属于 H 形构架，主要由侧梁与横梁构成，如图 3-1 所示。侧梁为钢板焊接而成的箱形结构，横梁为与侧梁相贯通的无缝钢管。

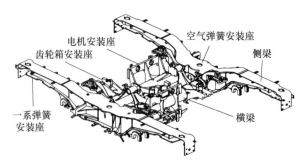

图 3-1　H 形构架

50

（2）一系悬挂装置　一系悬挂装置（图3-2）位于构架与轮对之间，用于缓和垂向冲击并实现轴箱定位，还能把构架以上的垂直载荷均匀地分配到各个轮对上，使每根轴重保持一致。一系弹簧装置采用圆锥叠层橡胶弹簧，通过两个螺栓将一系弹簧上端固定在构架弹簧座上。圆锥叠层橡胶弹簧在结构上使轴箱在纵向、横向和垂直方向实现无间隙、无磨耗的弹性定位。

图 3-2　一系悬挂装置

（3）二系悬挂装置　二系悬挂装置位于车体与构架之间，能够缓和转向架之间的相对运动。二系悬挂装置主要包括空气弹簧、高度调整阀、调整杆和安全钢索等，如图3-3所示。

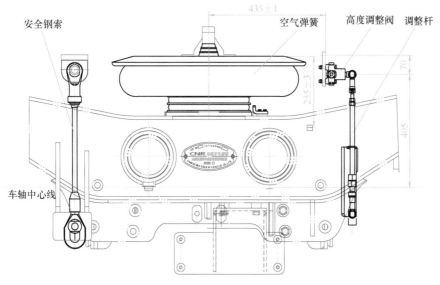

图 3-3　二系悬挂装置

1）空气弹簧。低横向刚度的空气弹簧，可以改善乘坐舒适性和车辆通过曲线的性能，并能缓和车体的垂向和横向振动。

转向架构架横梁内部做空气弹簧的附加空气室，空气弹簧的下部通风口与附加空气室连接，上部进风口与车体的管路连接。空气弹簧的胶囊气室与附加空气室间设有固定节流孔，对车体的垂向振动起到一定的衰减作用，因此不需要加装垂直油压减振器。胶囊下部的叠层橡胶堆是为了通过曲线时减小胶囊的载荷。当空气弹簧内无空气压力时，叠层橡胶堆能起到一定的垂直减振作用，也能保证车辆安全行驶。

2）高度调整阀及调整杆、水平杠杆。在每辆车的转向架和车体之间安装有4个高度调整阀，调节空气弹簧的充气与排气。高度调整阀用来补偿车体与转向架之间由于乘客负载引起的高度变化，从而保证车辆处于恒定的平衡高度。

调整杆和水平杠杆的功能是将由乘客负载引起的高度变化信息，准确地传递给高度调整阀；调整杆安装在构架与车体底架上的高度调整阀的水平杠杆之间，两端使用球形关节轴承，能满足车体与转向架间足够的容许位移。

3）压差阀。压差阀相当于二系悬挂系统的安全阀，当一个空气弹簧失压时，根据差压阀的特性，当两空气弹簧内部的压差达到限度时，就会发生动作，将两个附加空气室导通，使对面的空气弹簧也随即卸压，保证车辆的行车安全。

4）安全钢索。在构架的两外侧，靠近枕梁各有一根安全钢索，安全钢索的功能是：当车辆出现异常状态时，由安全钢索将车体和构架拉住，限制空气弹簧的高度，保证车辆与限界之间的有效安全距离，从而达到保证车辆的行车安全。

（4）牵引装置　每个转向架设一套中央牵引装置，用来实现车体与转向架之间纵向作用力的传递，采用传统的"Z"形牵引拉杆结构，主要由中心销、牵引梁、横向挡、横向减振器、中心销套和两个牵引拉杆组成，如图3-4所示。

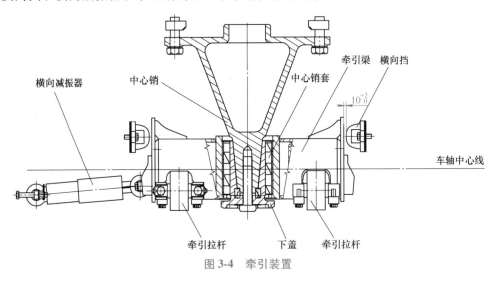

图3-4　牵引装置

1）中心销。中心销的上端通过定位脐和六个螺栓固定在车体的枕梁中心，下端插入牵引梁内，通过中心销套将中心销与牵引梁固定在一起，牵引梁和构架之间通过两个呈"Z"形布置的牵引拉杆连接。

2）横向挡。横向挡由柔性横向缓冲器和刚性的横向止挡组成。柔性的横向缓冲器能有效缓解车辆横向振动，刚性的横向止挡是为了限制车体的横向位移，保证车辆满足限界要求。

3）牵引梁。牵引梁通过两根牵引拉杆悬挂在转向架构架上。

4）牵引拉杆。每台转向架使用两个呈"Z"形布置的牵引拉杆，它的两端为弹性橡胶节点。牵引拉杆的一端与构架相连，另一端与牵引梁相连。

5）横向减振器。在车辆发生横向振动时，横向减振器会施加适当的阻尼力，来改善车辆的横向悬挂特性。

（5）轴箱装置　轴箱装置主要由箱体、防松片、轴端压板和轴承等组成，如图3-5所示。圆柱滚子轴承安装在轴箱内，轴承的形式为双列圆柱、自密封结构。由于选用自

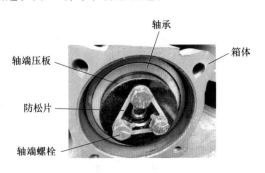

图3-5　轴箱装置

密封结构轴承，避免了轴箱的甩油现象。

（6）轮对　每个转向架设有两条轮对，轮对由车轮、车轴等组成，如图3-6所示。动车轮对与拖车轮对的区别在于动车车轴含有齿轮座、轴承座等。轮对的滚动圆直径为φ840mm，轮辋宽度为135mm，内侧距为（1353±2）mm，踏面形状采用LM型磨耗型踏面。车轮通过压力机冷压在车轴上。

（7）基础制动装置　基础制动装置（图3-7）的作用是传递和放大制动缸的制动力使运行中的车辆能够在规定的距离范围内停车，采用单侧踏面单元制动缸制动方式。每台转向架设有四个踏面制动单元缸，分为两个具有停放功能的踏面单元制动缸和两个不具有停放功能的踏面单元制动缸。

图 3-6　轮对

图 3-7　基础制动装置

二、转向架的拆装

1. 转向架拆卸

1）拆卸时，按部件拆卸。

2）应准确记录拆卸零部件的状态和数量。特别是调整垫的使用数量一定要准备无误，以便重新组装。

3）拆卸顺序如下：

① 从转向架构架上拆卸空气弹簧（对构架上的孔进行保护，防止异物进入）。

② 拆卸牵引电机和齿轮箱之间挠性板联轴器的半联轴器连接螺栓。

③ 从转向架构架上拆卸牵引电机。

④ 在传动装置下面安设支承架。

⑤ 拆卸传动装置吊座上部开口销、安全销。

⑥ 拆卸传动装置吊杆上部开口销、专用螺母及相关零件。

⑦ 拆卸轴箱弹簧下部钢丝、螺栓、压盖。

⑧ 调整单元制动缸的手动复原装置，加大制动闸瓦和车轮间的间隙。

⑨ 用天车吊起转向架构架，分离轮对。

⑩ 从已拆下的轮对上拆卸轴箱；从已拆下的轮对装置上拆下车轮和齿轮传动装置。

⑪ 从已拆下的转向架构架上拆下基础制动装置和轴簧。

⑫ 拆下横向减振器。

⑬ 将牵引拉杆与构架间的连接拆开，拆下牵引梁。

⑭ 拆卸横向挡。

⑮ 拆卸制动配管。

2. 转向架组装

组装顺序：按拆卸时的反向顺序。

【收集信息】

1. 我们的学习任务是什么？

_____

_____

2. 为顺利完成本任务，请大家认真完成以下信息收集。

1）指出转向架各结构的名称。

1—_____，2—系悬挂装置，3—_____，4—牵引电机，5—_____，6—_____，7—中央牵引装置，8—_____。

2）简述转向架的拆卸顺序。

_____

_____

_____

_____

【制订计划】

一、场地、设备、工具和材料准备

场地、设备、工具等详见表3-1。

表3-1　场地、设备、工具统计表

序号	类别	名称	
1	场地	轨道综合实训室	
2	设备	转向架	
3	工具材料	转向架拆装	转向架、扭力扳手、套筒扳手

二、小组人员分工（表3-2）

表3-2　人员分配表

任务名称			日期	
班组名称		组长	监督员	
操作员		观察员	展示员	
注意事项				

三、轮对检修计划

1. 正式进行转向架拆装前应做好哪些准备：_____

_____

_____

2. 选用工具和材料：_____

_____

3. 转向架拆装步骤：_____

_____

【实施计划】

请结合本小组制订的作业计划，并完成表 3-3 的填写。

表 3-3　转向架拆装记录单

序号	转向架拆装	操作顺序	所用工具
1	空气弹簧拆卸		
2	加大闸瓦间隙		
3	横向减振器拆卸		
4	分开牵引拉杆和构架的连接		
5	横向止挡拆卸		
6	轴箱弹簧下部连接拆卸		

【检查与控制】

观察员对操作员的工作过程评分，具体评分细则见表 3-4。

表 3-4　转向架拆卸考核评分表

操作时间：40min

序号	考核项目	考核内容及要求 （评分要点）	配分	评分标准	得分
1	检查前准备	确认操作环境安全、确认工具齐全	10	操作环境安全，5分 工具准备齐全，5分	
2	转向架拆卸	空气弹簧拆卸	70	拆卸顺序错误扣5分；工具使用不规范扣2分	
		加大闸瓦间隙		调整顺序错误扣5分；工具使用不规范扣2分	
		横向减振器拆卸		拆卸顺序错误扣5分；工具使用不规范扣2分	
		分开牵引拉杆和构架的连接		工具使用不规范扣2分	
		横向止挡拆卸		工具使用不规范扣2分	
		轴箱弹簧下部连接拆卸		工具使用不规范扣2分	

（续）

序号	考核项目	考核内容及要求 （评分要点）	配分	评分标准	得分
3	工具和量具的使用	正确使用各种工具和量具，不得损坏工具和量具	10	工具、量具使用方法不正确，一次扣2分；损坏工具、量具，不得分	
4	安全保护	劳保用品穿戴齐全	5	劳保用品穿戴不全，扣3分	
		文明操作、工具摆放有序	5	乱摆、乱放工具、量具，扣2分	
总分			100	得分	

观察员：　　　　　　　　操作员：　　　　　　　　时间：

 【评价反馈】

1. 自我评价

我做得好的地方	我还存在这些方面的问题
□ 动作准确	□ 动作不到位
□ 工具使用规范	□ 工具使用不规范
□ 安装步骤熟悉	□ 安装步骤不熟悉
□ 零件摆放整齐	□ 工具摆放不整齐
□ 操作用时合理	□ 操作用时过长
□ 工作态度端正	□ 工作态度不够端正

2. 小组评价

我们组做到了：□ 全员参与　　□ 分工明确　　□ 工作高效　　□ 完成了工作任务

3. 教师评价

评价内容	评价指标	等级（星级评定）
1. 综合素养方面	1）态度是否积极，是否主动组织或参与活动 2）与小组同学合作是否良好 3）活动是否认真、善始善终 4）是否勇于克服困难	
2. 知识技能方面	1）查阅资料技能 2）实地观察记录能力 3）调查研究能力 4）整理材料能力	

【知识巩固】

一、选择题

1. 转向架的骨架是（　　　）。

A. 侧架　　　　　　B. 底架　　　　　　C. 构架

2. 目前，客车使用的是（　　　）转向架。

A. 一系悬挂装置　　B. 二系悬挂装置　　C. 无悬挂装置

3. 轴箱弹簧属于（　　　）。

A. 一系悬挂装置　　B. 二系悬挂装置　　C. 空气悬挂

二、填空题

1. 转向架是由构架、＿＿＿＿＿、＿＿＿＿＿、弹性悬挂装置、＿＿＿＿＿和＿＿＿＿＿组成的。

2. 转向架牵引装置采用＿＿＿＿＿结构。

3. 车轮与闸瓦的间隙可通过＿＿＿＿＿人工进行调整。

三、判断题

1. 转向架拆卸可一人独立完成。　　　　　　　　　　　　　（　　　）

2. 转向架两侧的钢丝仅起到美观作用。　　　　　　　　　　（　　　）

3. 高度调整阀可使车体地板面保持在一定高度。　　　　　　（　　　）

任务二 转向架的修程及检修限度

【任务描述】

某地铁公司需要对车辆段检修车间新员工进行车辆修程的相关培训，日检班组接到此任务，将从检修修程和检修限度的理论知识和日检的实操方面进行任务的实施。

【学习目标】

目标名称	目标内容
知识目标	能叙述转向架修程的组成
	能叙述转向架检修限度的作用
	能叙述转向架日检的主要内容
技能目标	能独立完成转向架的日检工作
	能独立完成检修结果的记录

【知识准备】

一、检修修程及检修限度

检修修程是指城市轨道交通车辆修理的级别。目前，国内城市轨道交通车辆一般分为日检、双周检、月检、双月检、半年检、一年检（定修）、架修、大修，其中日检、双周检、双月检属于日常检修（维护性质），定修、架修、大修属于定期检修。

检修限度是车辆在检修时对零件允许存在的损伤程度和零件位置允许变化的程度所规定的尺寸标准，在各修程中用来判定零件是否需要修理及检修后质量是否合格。

二、转向架各修程主要检修内容

1. 日检

日检是对当天回库的车辆进行检修，是最初级的检修，主要目的是对系统功能进行检查，保证车辆运行安全。日检的检测方法多以目测检查为主，主要包括对受电弓、牵引电机的安装及状态，走行部分的转向架构架、轮对、齿轮箱、联轴器、车载设备的控制单元及各类信号、指示灯等进行检查，以保证车辆走行部分的安全和电气控制性能的良好。其中，转向架日检的主要内容为外观检查和车轮的尺寸测量。外观检查项目包括转向架构架两侧、电机安装座、齿轮箱安装座、中心销安装处，要求无异常损伤、裂纹；牵引拉杆，要求表面无损伤、无裂纹，紧固件无松动、防松标记清晰无错位；轮与轴间油漆的裂纹，要求从裂纹判断是否松动；轴箱表面，要求无裂纹；轴箱速度传感器，要求各紧固件无松动、防松标记清晰无错位，状态良好；牵引电机与构架安装状态，要求紧固件无松动、防松标记清晰无错位，进风过滤网安装良好；齿轮箱及联轴器，要求无漏油（若漏油检查其油位是否符合要求）；牵引电机速度传感器，要求状态良好，紧固件无松动、防松标记清晰无错位；抗侧滚扭力杆，要求连接件和紧固件无松动、防松标记清晰无错位；空气弹簧、高度阀，要求无损伤，紧固件无松动、防松标记清晰无错位；垂向、横向减振器，要求装置完好，紧固件无松动、防松标记清晰无错位；中心销与构架间无撞击痕迹。车轮尺寸测量项目为踏面损伤低于下述标准：踏面擦伤长度<60mm，深度<0.5mm，剥离长度一处<30mm，连续剥离长度<40mm，深度<0.5mm。

2. 月检

月检是对运营时间或运营里程分别达到 1 个月或 1000km 以上的车辆进行的检修维护，其主要目的是对主要部件状态检查测试，更换使用周期短的零部件，以保证车辆走行部分的安全和电气控制性能的良好及易损耗件有足够的工作尺寸。其中，转向架月检的主要内容有：

1）轮对轴箱装置检修：要求观察车轴及轮与轴间是否松动（观察车轮与轴之间的防缓标识是否错位）；测量轮缘、踏面等参数。

2）牵引驱动装置检修：要求观察牵引拉杆与转向架、中心销紧固件是否松动；齿轮箱及联轴器无漏油（如漏油检查油位），紧固件齐全无松动，牵引电机安装紧固件齐全、无松动。

3）缓冲减振装置检修：要求检查液压减振器，检查紧固件及漏油状态；一系悬挂裙边无裂纹，橡胶无龟裂，安装螺钉紧固；抗侧滚扭杆紧固件无松动（防松线清晰无错位）；二系悬挂空气弹簧气囊无明显漏气，无松动，无明显结构性损伤、附件齐全，裂纹不得超过 15mm；高度调节阀联动装置、垂直连杆及与其连接的上下水平连接杆螺栓、螺母无松动；轴箱前端各紧固螺钉无松动。

3. 定修

定修是对运营时间或运营里程分别达到 1 年或 100000km 以上的车辆进行的检修：架车、局部解体；对大型部件、关键部件，细致检查、测试、修复；镟轮，以保持车辆整体性能。其中，转向架定修的主要内容如下：

（1）构架检修　要求构架清洁无污垢、无裂纹，各焊缝无开焊、裂纹等缺陷；各安装座不得变形；构架上基础制动各销衬套无松动。

（2）轮对、轴箱装置检修　要求轮对内侧距符合规定：内侧距为（1353±2）mm；内侧距三点差不大于 1mm；轮辋、幅板、轮毂不得有裂纹，轮毂不得弛缓；车轮外圆直径尺寸不得超限：加工限度 $\phi 780$mm；更换限度 $\phi 770$mm；同轴、同转向架、同车的轮径差不得超限：同轴相对车轮直径差不大于 1.0mm；同一转向架车轮直径差不大于 2.0mm；同一辆车车轮直径差不大于 3.0mm；踏面无擦伤、无剥离；轴颈及防尘挡圈座尺寸不得超差：轴颈为 $\phi 120^{+0.059}_{+0.037}$mm；轴颈圆度≤0.006mm；轴颈圆柱度≤0.01mm；防尘挡圈座为 $\phi 150^{+0.15}_{+0.11}$mm；轴箱和前盖清洁无污垢、无裂损等缺陷；轴箱前盖螺栓对角均匀扭紧，用钢丝做好防松；内筒不得锈蚀，直径差不得超限；轴箱前盖螺栓对角均匀扭紧，用钢丝做好防松。

（3）牵引装置检修　要求各部件安装紧固良好，无异常；中心销防尘罩无破损；横向缓冲器的橡胶止挡与牵引梁两侧的间隙符合规定：左右间隙和为 20^{+4}_{0} mm；一侧为 8~12mm；横向缓冲器状态良好、无异常；中心销防尘罩无破损；横向减振器密封状态良好。

（4）一系悬挂装置检修　要求橡胶弹簧金属件不得有裂纹；橡胶弹簧与构架座及轴箱座的连接部位油润良好；各紧固件齐全，固定状态良好；压板紧固螺栓不得有缺陷。

（5）二系悬挂装置检修　要求空气弹簧各部位清洁无污垢，无严重变形，各连接处润滑良好；气囊不得被化学腐蚀，不得有可能造成泄漏的鼓包，不得有严重划伤或裂纹，磨损不得超限；橡胶堆的橡胶部件不得有严重裂纹，与金属件粘接良好；底座不得有严重的锈蚀；防充钢丝绳无断股，安装紧固良好；高度调整阀阀体清洁、无损伤及变形，安装状态良好，作用良好，无泄漏；差压阀安装状态良好，压力正确，作用良好，无泄漏，阀各部件清洁、无损伤及变形。

（6）驱动装置检修　要求齿轮箱箱体不得有裂纹等缺陷；通过观察孔检查齿面不得有剥离、裂损；齿轮箱各紧固及防松件齐全且紧固良好；齿轮箱润滑油油质良好，无乳化、混浊现象；联轴器各零部件不得有损伤、变形、裂纹；联轴器缓冲橡胶不得有龟裂、老化及过量磨损；联轴器罩安装紧固良好。

（7）基础制动装置检修　要求更换新的闸瓦之后安装状态良好；闸瓦各部件不得短缺、损伤、磨耗不得超限，各部间隙调整均匀；闸瓦不得偏磨；制动缸缸体无裂纹，缸壁无拉伤，制动缸脂油量符合要求；制动缸安装状态良好，不得泄漏；活塞动作灵活，行程符合要求。

4. 架修

架修是对运营时间或运营里程分别达到 5 年或 500000km 以上的车辆进行的检修：架车、基本解体；对机械走行部、牵引电机及主要电器部件进行分解检修，以恢复车辆的主要性能。其中，转向架架修的主要内容如下：

（1）清洁转向架（采用中性洗涤剂）　要求转向架各部件表面清洁，无油污、无脏物。

（2）轮对、轴箱装置检修　要求观察车轴轴身应无裂纹、碰伤；观察轮与轴间防松油漆标识有无错位以判定是否松动；轮缘、踏面等尺寸测量；车轮探伤，要求无缺陷，满足探伤相关要求；检查车轮注油孔螺堵无丢失、无松动；检查轴箱及速度传感器状态，要求轴箱无裂纹、紧固件无松动，防松标记清晰、无错位、无渗漏。速度传感器紧固件无松动，防松标记清晰、无错位、状态良好；将轴箱速度传感器端的轴箱压盖拆卸下来进行车轴超声波探伤，探伤完毕装回压盖。

（3）构架检修　要求检查构架内、外侧，电机悬挂座，牵引拉杆座有无裂纹；检查制动管路的管路夹及紧固件有无损坏、丢失；轮缘润滑管路及连接是否正常，管路夹及紧固件有无损坏、松动及丢失；检查传感器电缆的表面、连接件及紧固件有无损坏、松动及丢失；表面是否有腐蚀。

（4）一系悬挂装置检修　要求检查一系弹簧单元与转向架构架、轴箱紧固件是否松动；检查弹簧外部橡胶是否有裂痕，是否与金属端剥离；检查提升止挡是否有损坏及变形；检查撞击止挡是否磨耗及损坏；检查紧固件是否紧固。

（5）二系悬挂装置检修　要求检查二系悬挂空气弹簧气囊外层是否损坏；检查应急弹簧是否损坏及磨损；清除高度调整阀表面油污及连杆机构表面润滑脂；检查高度调整阀紧固件是否松动；润滑高度调整阀调整杆表面螺纹及套筒螺母；检查空气弹簧与车体及转向架连接处的气密性；检查高度调整阀阀体管路接头的气密性及

阀体出气口是否阻塞；检查高度调整阀套筒螺母与调整杆是否有足够螺纹连接。

（6）中央牵引装置检修　要求检查中心销与车体接口处紧固件是否松动；检查牵引拉杆与构架、中心销紧固件是否松动；检查牵引拉杆两端橡胶套是否损坏；检查横向止挡橡胶表面是否完好，与构架紧固件是否松动。

（7）驱动装置检修　要求检查齿轮箱是否损坏，是否漏油；检查联轴器是否漏油；检查速度传感器紧固件无松动，防松标记清晰、无错位、无损坏，传感器状态良好。

5. 大修

大修是对运营时间或运营里程分别达到 10 年或 1000000km 以上的车辆进行检修：架车、全部解体；对电机、电器、轮对等部件进行解体检修，以恢复其性能；对转向架、车体等进行探伤检查、整形；对高、低压电气线路进行更新铺设，以恢复车辆基本性能，达到或接近新造车水平。

【收集信息】

1. 我们的学习任务是什么？

_____

_____

_____

2. 为顺利完成本任务，请大家认真完成以下信息收集：
简述转向架的日检内容。

_____

_____

_____

【制订计划】

一、场地、设备、工具和材料准备

场地、设备、工具和材料准备见表 3-5。

表 3-5　场地、设备、工具统计表

序号	类别	名称	
1	场地	轨道综合实训室	
2	设备	转向架	
3	工具材料	构架检修	转向架、手电筒、第四种检查器

二、小组人员分工（表 3-6）

表 3-6　人员分配表

任务名称			日期	
班组名称		组长	监督员	
操作员		观察员	展示员	
注意事项				

三、构架检修计划

1. 正式进行转向架日检工作前应做好哪些准备：＿＿＿＿＿＿＿＿＿＿＿

＿＿＿＿＿＿＿＿＿＿＿＿＿＿＿＿＿＿＿＿＿＿＿＿＿＿＿＿＿＿＿＿＿

＿＿＿＿＿＿＿＿＿＿＿＿＿＿＿＿＿＿＿＿＿＿＿＿＿＿＿＿＿＿＿＿＿

2. 选用工具和材料：＿＿＿＿＿＿＿＿＿＿＿＿＿＿＿＿＿＿＿＿＿＿＿

＿＿＿＿＿＿＿＿＿＿＿＿＿＿＿＿＿＿＿＿＿＿＿＿＿＿＿＿＿＿＿＿＿

3. 日检检修内容：＿＿＿＿＿＿＿＿＿＿＿＿＿＿＿＿＿＿＿＿＿＿＿＿

＿＿＿＿＿＿＿＿＿＿＿＿＿＿＿＿＿＿＿＿＿＿＿＿＿＿＿＿＿＿＿＿＿

【实施计划】

请结合本小组制订的作业计划，并完成表 3-7 的填写。

表 3-7　转向架日检表

序号	转向架日检内容	观察（测量）结果	结论
1	转向架构架表面状态		
2	牵引拉杆装置连接状态		
3	车轴及轮与轴间是否松动		
4	踏面		
5	轴箱及速度传感器状态		
6	牵引电机安装状态		
7	齿轮箱及联轴器状态		
8	抗侧滚扭力杆连接状态		
9	空气弹簧、高度调整阀状态		
10	垂向、横向减振器状态		
11	中心销与构架之间的状态		

【检查与控制】

观察员对操作员的工作过程评分，具体评分细则见表 3-8。

表 3-8　转向架日检考核评分表

操作时间：40min

序号	考核项目	考核内容及要求（评分要点）	配分	评分标准	得分
1	检查前准备	确认操作环境安全 确认工具齐全	10	操作环境安全，5 分 工具准备齐全，5 分	
2	转向架日检	转向架外观检查	70	少检查一项扣 5 分	
		轮对、轴箱装置检查		少检查一项，扣 5 分；测量过程不规范，扣 2 分	
		牵引装置检查		少检查一项，扣 5 分	
		弹簧悬挂装置检查		少检查一项，扣 5 分	
		驱动装置检查		少检查一项，扣 5 分	

序号	考核项目	考核内容及要求（评分要点）	配分	评分标准	得分
3	工具和量具的使用	正确使用各种工具和量具，不得损坏工具和量具	10	工具、量具使用方法不正确，一次扣 2 分；损坏工具、量具，不得分	
4	安全保护	劳保用品穿戴齐全	5	劳保用品穿戴不全扣 3 分	
		文明操作、工具摆放有序	5	乱摆、乱放工具、量具扣 2 分	
	总分		100	得分	

观察员：　　　　　　操作员：　　　　　　　　时间：

【评价反馈】

1. 自我评价

我做得好的地方	我还存在这些方面的问题
□ 动作准确	□ 动作不到位
□ 工具使用规范	□ 工具使用不规范
□ 安装步骤熟悉	□ 安装步骤不熟悉
□ 零件摆放整齐	□ 工具摆放不整齐
□ 操作用时合理	□ 操作用时过长
□ 工作态度端正	□ 工作态度不够端正

2. 小组评价

我们组做到了：□ 全员参与　□ 分工明确　□ 工作高效　□ 完成了工作任务

3. 教师评价

评价内容	评价指标	等级（星级评定）
1. 综合素养方面	1）态度是否积极，是否主动组织或参与活动 2）与小组同学合作是否良好 3）活动是否认真、善始善终 4）是否勇于克服困难	
2. 知识技能方面	1）查阅资料技能 2）实地观察记录能力 3）调查研究能力 4）整理材料能力	

【知识巩固】

一、选择题

1. 转向架每天都需要做的修程是（　　　　）。

A. 月检   B. 日检   C. 架修

2. 转向架日检要求踏面擦伤长度低于（   ）。

A. 70mm   B. 60mm   C. 65mm

3. 转向架日检要求踏面剥离深度低于（   ）。

A. 1mm   B. 0.5mm   C. 1.5mm

二、填空题

1. 转向架修程有日检、_____、_____、_____和大修。

2. 转向架日检主要内容是观察各零部件之间紧固件_____、防松标记_____。

3. 在对轮对做日检时，除了目测检查外，还需要的工具是_____。

三、判断题

1. 转向架做日检修程时，需要拆卸以便于清洗。   （   ）

2. 转向架检修完毕后可根据检修限度来判断检修后的零件是否满足要求。

                                                                               （   ）

3. 日检修程都是目测检查，不需要测量工具。   （   ）

【任务描述】

某地铁公司检修车间正在对一列地铁进行架修，一班组接到转向架的检修任务，现将针对转向架构架的外观及尺寸进行检查及测量。

【学习目标】

目标名称	目标内容
知识目标	能叙述构架各部分名称
	能叙述构架检修内容
	能叙述检修构架所需要的工具
技能目标	能独立完成构架的检修及测量工作
	能独立完成测量结果的记录并判断其是否超限

【知识准备】

一、构架的作用

构架是转向架各组成部分的安装基础，一般为"H"形结构，是主要的承载部件。构架主要由侧梁和横梁组成，侧梁中部设有空气弹簧的安装座和横向减振器座，横梁上设有电机吊座、齿轮箱吊座和牵引拉杆座。侧梁端部的四个起吊座可使构架或整个转向架被安全地吊起。

二、构架的组成

构架主要由左、右侧梁，一根或几根横梁组焊而成，H形构架如图3-8所示。

1. 侧梁

构架两侧为侧梁，是构架的主要承载梁，是传递垂向力、纵向力和横向力的主要构件，也用来确定轮对位置。

侧梁上设置有踏面单元制动

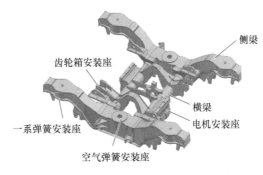

齿轮箱安装座

一系弹簧安装座

空气弹簧安装座

侧梁

横梁

电机安装座

图 3-8 H 形构架

器、一系弹簧、二系弹簧等部件的安装座。各部件的安装座的安装孔都经过精确定位，从而保证各部件组装后转向架的正常运行。

2. 横梁

构架两侧梁通过中间一根或几根横梁连接，横梁上焊有齿轮箱吊座、电机安装座以及牵引杆安装座。横梁采用中空的箱型结构，可在保证强度的前提下减少车辆簧下质量，提高车辆运行平稳性，减少轮轨冲击。

三、构架的检修

1. 外观检查

目视检查构架外观无裂纹、变形、缺焊等不良现象。

2. 尺寸标准

构架尺寸检查参照图 3-9。

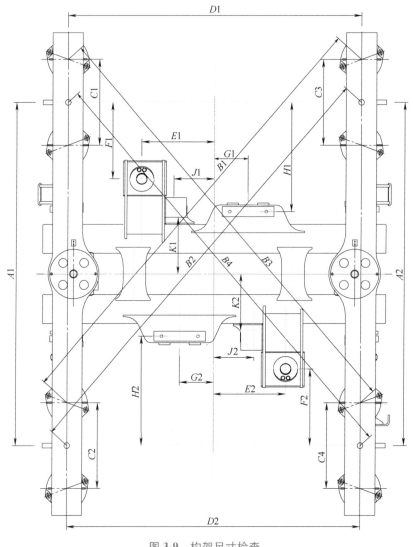

图 3-9　构架尺寸检查

1）轴距（$A1$、$A2$）：　　　　　　　　　　　　　　（2200±1）mm

2）左右轴距的差（$|A1-A2|$）：　　　　　　　　　　　0.2mm

3）两轴颈中心距（$D1$、$D2$）：　　　　　　　　　　（1930±0.5）mm

4）两轴颈中心距前后之差（$|D1-D2|$）：　　　　　　1.0mm

5）一系弹簧座之间对角线差（$|B1-B3|$、$|B2-B4|$）：　　1.0mm

6）一系弹簧座之间左右差（$|D1-D2|$）：　　　　　　0.2mm

7）一系弹簧座之间距离（$C1$、$C2$、$C3$、$C4$）：　　（550±0.2）mm

8）横梁中心之间的距离：　　　　　　　　　　　　（450±1）mm

9）牵引拉杆之间的距离：　　　　　　　　　　　　（530±1）mm

10）牵引电机吊座安装孔中心和车轴中心之间的距离（$H1$、$H2$）：$701^{+0.2}_{-0.5}$mm

11）牵引电机吊座中心和转向架纵向中心之间的距离（$G1$、$G2$）：（223±0.5）mm

12）齿轮箱吊台中心孔距车轴中心之间的距离（$F1$、$F2$）：（490±1.5）mm

13）齿轮箱吊台中心孔距转向架纵向中心之间的距离（$E1$、$E2$）：（474±1）mm

3. 检查工具

构架尺寸检查工具包括钢直尺、卷尺、转向架固定轴距测量尺。其中，固定轴距测量尺使用方法如下：

固定轴距测量尺如图 3-10 所示，其主要由尺身、主尺、固定量爪和活动量爪等组成，如图 3-11 所示。

图 3-10　固定轴距测量尺

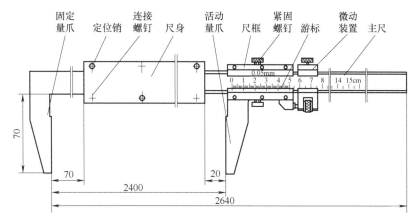

图 3-11　固定轴距测量尺结构

固定轴距测量尺的测量方法如下：

1）测量前，应使用校对量杆校对测量尺的零位，如果"0"位有偏移并超过规定的允许值时，则应记下测量尺的"0"位修正量 Δ。

2）零位校对后，便可进行测量如图 3-12 所示。

3）测量时，先使测量爪工作面尽量靠近被测导柱面的根部，并让主尺内侧面贴靠导柱面；然后向内移动活动量爪，使左右量爪与被测导柱面接触良好。

4）记下测量读数。

5）测量中心距结果为测量尺读数减去被测导柱面直径。

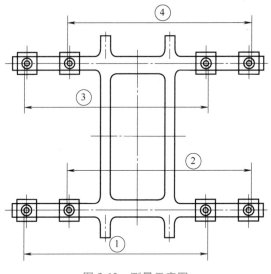

图 3-12   测量示意图

【收集信息】

1. 我们的学习任务是什么？

_____

_____

_____

2. 为顺利完成本任务，请大家认真完成以下信息收集。
简述构架的测量内容及限度。

_____

_____

_____

【制订计划】

一、场地、设备、工具和材料准备

场地、设备、工具和材料的准备见表 3-9。

表 3-9   场地、设备、工具和材料统计表

序号	类别		名称
1	场地		轨道综合实训室
2	设备		转向架
3	工具和材料	构架检修	转向架、固定轴距测尺、钢直尺、卷尺

二、小组人员分工（表 3-10）

表 3-10 人员分配表

任务名称			日期	
班组名称		组长	监督员	
操作员		观察员	展示员	
注意事项				

三、构架检修计划

1. 正式进行构架检修前应做好哪些准备：_____

_____

_____

2. 选用工具和材料：_____

_____

3. 构架检修步骤：_____

_____

_____

_____

_____

_____

📅 【实施计划】

请结合本小组制订的作业计划，并完成表 3-11 的填写。

表 3-11 构架检修记录表

构架检修	观察（测量）结果	结论
外观检查		
轴距		
左右轴距的差		
两轴颈中心距		
两轴颈中心距前后之差		
一系弹簧座之间对角线差		
一系弹簧座之间左右差		
一系弹簧座之间距离		
横梁中心之间的距离		
牵引拉杆之间的距离		
牵引电机吊座安装孔中心和车轴中心之间的距离		
牵引电机吊座中心和转向架纵向中心之间的距离		
齿轮箱吊台中心孔距车轴中心之间的距离		
齿轮箱吊台中心孔距转向架纵向中心之间的距离		

【检查与控制】

观察员对操作员的工作过程评分，具体评分细则见表 3-12。

表 3-12　构架检修考核评分表

操作时间：40min

序号	考核项目	考核内容及要求 （评分要点）	配分	评分标准	得分
1	检查前准备	确认操作环境安全 确认工具齐全	10	操作环境安全，5 分 工具准备齐全，5 分	
2	轮对测量	构架外观检查	70	少测量一项，扣 5 分；测量过程不规范，扣 2 分	
		构架尺寸测量		少测量一项，扣 5 分；测量过程不规范，扣 2 分	
3	工具和量具的使用	正确使用各种工具和量具 不得损坏工具和量具	10	工具、量具使用方法不正确，一次扣 2 分 损坏工量具，不得分	
4	安全保护	劳保用品穿戴齐全	5	劳保用品穿戴不全，扣 3 分	
		文明操作、工具摆放有序	5	乱摆、乱放工具、量具，扣 2 分	
	总分		100	得分	

观察员：　　　　　　　　　　操作员：　　　　　　　　　　时间：

【评价反馈】

1. 自我评价

我做得好的地方	我还存在这些方面的问题
□ 动作准确	□ 动作不到位
□ 工具使用规范	□ 工具使用不规范
□ 安装步骤熟悉	□ 安装步骤不熟悉
□ 零件摆放整齐	□ 工具摆放不整齐
□ 操作用时合理	□ 操作用时过长
□ 工作态度端正	□ 工作态度不够端正

2. 小组评价

我们组做到了：□ 全员参与　□ 分工明确　□ 工作高效　□ 完成了工作任务

3. 教师评价

评价内容	评价指标	等级（星级评定）
1. 综合素养方面	1）态度是否积极，是否主动组织或参与活动 2）与小组同学合作是否良好 3）活动是否认真、善始善终 4）是否勇于克服困难	
2. 知识技能方面	1）查阅资料技能 2）实地观察记录能力 3）调查研究能力 4）整理材料能力	

【知识巩固】

一、选择题

1. 构架侧梁、横梁是（　　　）结构。

A. 实心 　　　　　　B. 空心 　　　　　　C. 模块式

2. 轮对安装在构架上后，其固定轴距为（　　　）。

A. 840mm 　　　　B. 1450mm 　　　　C. 2200mm

3. 构架一系弹簧座之间对角线差不大于（　　　）。

A. 1mm 　　　　　B. 2mm 　　　　　C. 1.5mm

二、填空题

1. 现在的地铁大都采用_____形构架。

2. 构架两横梁中心之间的距离为_____。

3. 一系弹簧座之间的距离为_____。

三、判断题

1. 构架比较坚固，因此检修时不用进行外观检查。 　　　　　　　　　　（　　　）

2. 牵引电机吊座中心和转向架纵向中心之间的距离为（223±0.5）mm。

（　　　）

3. 齿轮箱吊台中心孔距转向架纵向中心之间的距离为（474±1）mm。 （　　　）

任务四 转向架轮对的检修

【任务描述】

某地铁公司一列地铁运行一段时间后进库进行月检，检修车间一班组接到转向架轮对的检修任务，将对轮对的外观及尺寸进行观察及测量。

【学习目标】

目标名称	目标内容
知识目标	能叙述车轮、车轴各部分的名称
	能叙述轮对需要测量的参数及所使用的工具
	能叙述各测量工具的使用方法
技能目标	能独立完成轮对尺寸的测量并记录
	能独立完成测量结果的记录并判断其是否超限

【知识准备】

一、轮对的基本知识

（1）轮对的组成 轮对是由一根车轴和两个车轮经过过盈配合组装而成的，如图 3-13 所示。

（2）车轴 车轴各部位及作用如图 3-14 所示：

1）轴端螺栓孔：安装轴端压板，防止滚动轴承向外窜出。

图 3-13 轮对

图 3-14 车轴

2）轴颈：安装滚动轴承并承受载荷。

3）防尘板座：安装防尘板，防止外界杂物进入轴箱破坏轴承润滑，防止滚动轴承内移。

4）轮座：安装车轮，是车轴受力最大的部位。

5）制动盘安装座：安装制动盘。

6）轴身：车轴中央部位，连接两端轮座。

（3）车轮　车轮主要由轮缘、踏面、轮辋和轮毂等组成，如图3-15所示。

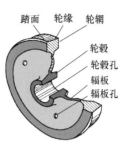

图3-15　车轮

1）轮缘：车轮内侧面径向突起部分，起导向作用并防止脱轨。

2）踏面：车轮与钢轨接触的外圆周面，是车辆走行过程和钢轨接触的主要部位。

3）轮辋：车轮具有完整踏面的径向厚度部分；可保证踏面的强度并便于加修。

4）轮毂：车轮与车轴相互配合的部位。

5）轮毂孔：用于安装车轴，与车轴过盈配合。

6）辐板：连接轮辋与轮毂。

二、轮对外观检查

1）检查车轴轴身应无裂纹、碰伤。

2）观察轮与轴间防松油漆有无错位以判定是否松动。

3）目视检查轮对直径是否到限。

三、轮对尺寸测量

1. 测量轮对内侧距

轮对内距尺主要由固定测头、尺身、示值标套和活动测头组成如图3-16所示。

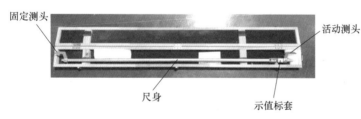

图3-16　轮对内距尺

轮对内侧距的测量步骤如下：

1）将定位钩放在车轮轮缘上，如图3-17所示。

图3-17　将定位钩放在车轮轮缘上

2）将轮对内距尺的固定测头和活动测头靠在被测车轮内侧，如图3-18所示，摆动轮对内距尺活动测头，寻找读数拐点，即读最小值，该读数即为被测轮对内侧距离。

3）锁紧定位螺钉，读取数据。使用轮对内距尺检测轮对内侧距，分别间隔120°检测三次，

图3-18　读数

并计算三处轮对内距差不超过规定限度。

2. 测量轮缘、踏面等尺寸

通常使用第四种检查器（图3-19）测量轮缘、踏面等尺寸，具体测量步骤如下：

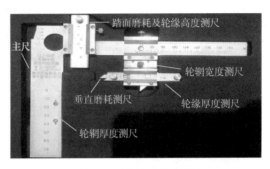

图 3-19　第四种检查器

（1）轮缘高度、轮缘厚度、踏面圆周磨耗、轮辋厚度测量（图3-20）

1）移动轮辋宽度测尺尺框，使定位销落入销孔中，然后锁紧其锁紧螺钉。

2）将定位角铁与车轮内侧面密贴，并使轮辋宽度测头与车轮踏面接触。

3）推动踏面磨耗尺使其测量面与车轮轮缘接触，推动轮缘厚度测尺使其测量面与轮缘接触。

4）以踏面磨耗测尺左边游标读取踏面磨耗值，从右边游标读取轮缘高度值；从轮缘厚度测尺读取轮缘厚度；从轮辋厚度测尺读取轮辋厚度。

（2）测量轮辋宽度（图3-21）

1）将定位角铁与车轮内侧面密贴，并使轮辋宽度测头与车轮踏面接触。

2）推动轮辋宽度测尺尺框，使其测量头与车轮外侧面贴靠，从游标中读取宽度值。

图 3-20　轮缘高度、轮缘厚度、踏面圆周
磨耗、轮辋厚度测量

图 3-21　测量轮辋宽度

注意：如果踏面有碾宽，应减去碾宽值。

（3）踏面擦伤深度、踏面剥离深度测量（图3-22）

1）将定位角铁与车轮内侧面密贴，并使轮辋宽度测头与车轮踏面接触。

2）移动轮辋宽度测尺尺框，使其测头落入擦伤最深处，测量此处轮缘高度。

3）测量同一圆周未擦伤处轮缘高度，两者之差为擦伤深度。

4）踏面剥离深度同理可测。

图 3-22　踏面擦伤深度、
踏面剥离深度测量

（4）踏面擦伤长度、踏面剥离长度测量（图 3-23）

1）用检查器的轮辋厚度测尺的外刻线，沿车轮圆周方向测量擦伤部位长度。

2）踏面剥离长度同理可测。

（5）碾宽测量（图 3-24）　将尺身垂直外边贴紧轮辋外侧面，读取碾宽最宽处对应的碾宽测量刻线数值。

图 3-23　踏面擦伤长度、
踏面剥离长度测量

图 3-24　碾宽测量

3. 测量车轮直径

通常使用轮径尺测量车轮的直径，如图 3-25 所示。

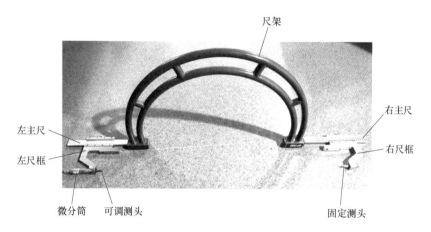

尺架

右主尺

左主尺

左尺框

右尺框

微分筒　可调测头

固定测头

图 3-25　轮径尺

车轮直径的测量步骤如下：

测量时，由一人或二人操作，不带微动装置的轮径尺首先将左测尺尺框游标刻线对正主尺的被测车轮的名义尺寸的刻线，再将右测尺的尺框拉开一定的距离，使两端测量爪的定位基面或磁性基准块紧贴轮箍内侧面，左测爪的测头先接触车轮的一端踏面，如图 3-26 所示，并找出踏面最大值，固定尺框右测尺游标刻线对应主尺刻线，即为车轮滚动圆直径尺寸。

图 3-26　测量车轮直径

【收集信息】

1. 我们的学习任务是什么？

2. 为顺利完成本任务，请大家认真完成以下信息收集：

1）指出车轴各部分名称。

1—_____，2—_____，3—_____，4—_____，5—_____。

2）指出车轮各部分名称。

1—_____，2—_____，3—_____，4—_____，5—轮毂孔，
6—_____，7—辐板孔

3）简述第四种检查器、轮对内距尺、轮径尺的使用方法。

【制订计划】

一、场地、设备、工具和材料准备

场地、设备、工具和材料准备见表 3-13。

表 3-13　场地、设备、工具和材料统计表

序号	类别	名称	
1	场地	轨道综合实训室	
2	设备	轮对	
3	工具和材料	轮对尺寸测量	轮对、第四种检查器、轮径尺、轮对内距尺

二、小组人员分工（表3-14）

表 3-14 人员分配表

任务名称			日期	
班组名称		组长	监督员	
操作员		观察员	展示员	
注意事项				

三、轮对检修计划

1. 正式进行轮对检修前应做好哪些准备：＿＿＿＿＿＿＿＿＿＿＿＿＿＿

＿＿＿＿＿＿＿＿＿＿＿＿＿＿＿＿＿＿＿＿＿＿＿＿＿＿＿＿＿＿＿＿＿＿＿＿

＿＿＿＿＿＿＿＿＿＿＿＿＿＿＿＿＿＿＿＿＿＿＿＿＿＿＿＿＿＿＿＿＿＿＿＿

2. 选用工具和材料：＿＿＿＿＿＿＿＿＿＿＿＿＿＿＿＿＿＿＿＿＿＿＿＿＿

＿＿＿＿＿＿＿＿＿＿＿＿＿＿＿＿＿＿＿＿＿＿＿＿＿＿＿＿＿＿＿＿＿＿＿＿

3. 轮对检修步骤：＿＿＿＿＿＿＿＿＿＿＿＿＿＿＿＿＿＿＿＿＿＿＿＿＿＿＿

＿＿＿＿＿＿＿＿＿＿＿＿＿＿＿＿＿＿＿＿＿＿＿＿＿＿＿＿＿＿＿＿＿＿＿＿

＿＿＿＿＿＿＿＿＿＿＿＿＿＿＿＿＿＿＿＿＿＿＿＿＿＿＿＿＿＿＿＿＿＿＿＿

＿＿＿＿＿＿＿＿＿＿＿＿＿＿＿＿＿＿＿＿＿＿＿＿＿＿＿＿＿＿＿＿＿＿＿＿

＿＿＿＿＿＿＿＿＿＿＿＿＿＿＿＿＿＿＿＿＿＿＿＿＿＿＿＿＿＿＿＿＿＿＿＿

📅【实施计划】

请结合本小组制订的作业计划，完成表3-15~表3-18的填写。

1. 轮对外观检查。

表 3-15 轮对外观检查表

检查项目	检查结果
车轴轴身是否有擦伤、裂纹等损伤	
轮轴配合是否松动	
车轮直径是否超限	

2. 轮对内侧距测量。

表 3-16 轮对内侧距测量记录表

测量记录	第一次测量	第二次测量	第三次测量	轮对内侧距差
轮对内侧距				
是否超限				

3. 第四种检查器测量。

表 3-17　测量记录表

测量记录	数据	是否超限	备注
轮缘高度			测量结果应不大于 35mm
踏面圆周磨耗			测量结果应不大于 8mm
轮缘厚度			测量结果应在 23~32mm 之间
垂直磨耗			上下尺 0 刻度线重合即超限
轮辋厚度			测量结果应在 25~65mm 之间
辗宽			测量结果应不大于 5mm
轮辋宽度			实际轮辋宽度＝测量宽度－辗宽＝（　　　）
踏面擦伤长度			测量结果应不大于 30mm
踏面擦伤深度			测量结果应不大于 0.5mm

4. 轮径尺测量。

表 3-18　车轮直径测量记录表　　　　　　　　（单位：mm）

测量	直径	数据	同轴轮径差	是否超限	同转向架最大轮径差	是否超限	同车最大轮径差	是否超限	备注
一位端转向架	车轮 1 直径								轮径差：同轴应不大于 1mm，同转向架应不大于 3mm，同车应不大于 5mm
	车轮 2 直径								
	车轮 3 直径								
	车轮 4 直径								
二位端转向架	车轮 5 直径								
	车轮 6 直径								
	车轮 7 直径								
	车轮 8 直径								

【检查与控制】

观察员对操作员的工作过程评分，具体评分细则见表 3-19。

表 3-19　轮对测量考核评分表

操作时间：40min

序号	考核项目	考核内容及要求（评分要点）	配分	评分标准	得分
1	检查前准备	确认操作环境安全 确认工具齐全	10	操作环境安全，5 分 工具准备齐全，5 分	
2	轮对测量	第四种检查器使用	70	少测量一项，扣 5 分；测量过程不规范，扣 2 分	
		轮径尺使用		少测量一项，扣 5 分；测量过程不规范，扣 2 分	
		轮对内距尺使用		少测量一项，扣 5 分；测量过程不规范，扣 2 分	
		测量数据读取及处理		读数错误，扣 5 分；数据处理错误扣 5 分	

序号	考核项目	考核内容及要求 （评分要点）	配分	评分标准	得分
3	工具和量具 的使用	正确使用各种工具和量具 不得损坏工具和量具	10	工具、量具使用方法不正确，一次扣2分 损坏工具、量具，不得分	
4	安全保护	劳保用品穿戴齐全	5	劳保用品穿戴不全，扣3分	
		文明操作、工具摆放有序	5	乱摆、乱放工具、量具，扣2分	
总分			100	得分	

观察员：　　　　　　操作员：　　　　　　　　　　时间：

【评价反馈】

1. 自我评价

我做得好的地方	我还存在这些方面的问题
□ 动作准确	□ 动作不到位
□ 工具使用规范	□ 工具使用不规范
□ 安装步骤熟悉	□ 安装步骤不熟悉
□ 零件摆放整齐	□ 工具摆放不整齐
□ 操作用时合理	□ 操作用时过长
□ 工作态度端正	□ 工作态度不够端正

2. 小组评价

我们组做到了：□ 全员参与　　□ 分工明确　　□ 工作高效　　□ 完成了工作任务

3. 教师评价

评价内容	评价指标	等级（星级评定）
1. 综合素养方面	1）态度是否积极，是否主动组织或参与活动 2）与小组同学合作是否良好 3）活动是否认真、善始善终 4）是否勇于克服困难	
2. 知识技能方面	1）查阅资料技能 2）实地观察记录能力 3）调查研究能力 4）整理材料能力	

【知识巩固】

一、选择题

1. 车轴受力最大的部位是（　　　）。

A. 轴颈　　　　　　B. 轮座　　　　　　C. 防尘板座

2. 车轮防止脱轨的部位是（   ）。

A. 踏面　　　　　　B. 轮缘　　　　　　C. 轮毂

3. 使用轮径尺测量车轮直径时，应转动测头读取（   ）。

A. 最小值　　　　　B. 最大值　　　　　C. 平均值

二、填空题

1. 轮对是由_____和_____通过_____组装而成的。

2. 轮对内侧距的限度是_____。

3. 车轮直径同轴轮径差限度为_____，同转向架为_____，同车为_____。

4. 轮缘高度的限度是_____，轮缘厚度的限度是_____。

三、判断题

1. 测量轮对内侧距时，应转动测头读取最小值。（   ）

2. 踏面磨耗属于正常磨耗，因此平时检修不用测量其尺寸。（   ）

3. 轮辋的厚度对行车安全影响不大。（   ）

任务五 转向架轴箱装置的检修

【任务描述】

某地铁公司一列地铁运行一段时间后进库进行月检，检修车间一班组接到转向架轴箱的检修任务，将进行一侧轴箱的开盖检查及另一侧轴箱的装配作业。

【学习目标】

目标名称	目标内容
知识目标	能叙述轴箱装置各组成部分
	能叙述轴箱装置开盖检查内容
	能叙述轴箱装置开盖检查所需要的工具
	能叙述轴箱装置装配顺序
	能叙述轴箱装置装配所需要的工具
技能目标	能独立完成轴箱装置的开盖检查
	能与他人合作完成轴箱装置的组装作业
	能在装配过程中完成对轴箱装置各组成部分的检查记录

【知识准备】

一、轴箱装置的作用

轴箱装置的作用如下：

1）连接轮对和侧架（构架）。

2）传力（垂直、水平载荷）给轮对。

3）保证良好润滑性，减小摩擦、运行阻力。

4）限制轮对过大的横向移动。

5）防雨水、灰尘异物进入，保证行车安全。

二、轴箱装置的组成

轴箱装置主要由轴箱体、轴箱盖和压板等组成如图3-27、图3-28所示。

1. 轴箱体

轴箱体为筒形结构，两侧铸有弹簧托盘，用以安装轴箱弹簧等配件。筒两端各有四个轴箱耳，分别与轴箱前、后盖用螺栓连接，轴箱筒内安装滚动轴承，与轴承外圈为间隙配合。轴箱装置的主要作用是组装、支撑各零件，连接构架，传递载荷。

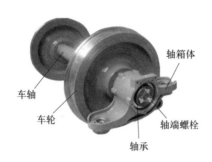

图 3-27　轴箱装置

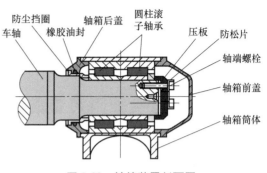

图 3-28　轴箱装置剖面图

2. 轴箱后盖

轴箱后盖内侧凸起嵌入轴箱筒体内，支撑内侧轴承外圈。在凸起缘外圆周面上和根部设有密封槽，用以安装密封圈；在内圆周面安装橡胶油封座。

3. 防尘挡圈

橡胶油封内有钢骨架（增加其刚度），安装在轴箱后盖内圆周面上，与防尘挡圈配合。

4. 轴箱前盖

轴箱前盖内侧凸起嵌入轴箱筒体内，支撑轴承外圈。在凸起缘外圆周上和根部设有密封圈槽，以安装密封圈。轴箱前盖的作用是密封轴箱前部。

5. 压板

压板用三个螺栓固定在车轴端面上，在螺栓和压板之间安装防松片，以防止螺栓松动。压板内侧凸起缘顶在外轴承内圈端面，起支撑作用。

6. 轴承

轴箱装置的轴承为双列圆柱滚子轴承，轴承内圈与轴颈为过盈配合，内圈的标志涂打在大断面，平挡圈的标志刻打在无槽端面；轴承外圈与轴箱筒体为间隙配合，外圈内滚道面为滚道，且两端都有固定挡边，外圈的标志刻打在外圈外端面；滚动体为圆柱形，承受载荷并产生滚动作用，滚子处于轴颈水平中心线上侧时受力，处于下侧时不受力。

三、轴箱装置的检修

1. 轴箱装置开盖检查作业

1）作业前准备：作业人员必须熟悉轴箱结构及操作流程；准备排笔、黄油漆、油脂、铁丝（2×60mm）、密封圈、扭力扳手、套筒扳手、锤子、尖棍、手电筒、钢丝钳、油枪管、塞尺等工具与材料；正确齐全穿戴劳保用品。

2）开盖前检查：目视检查轴箱体及前端盖应完好无损，无裂纹、漏油；目视检查垫圈、螺栓是否齐全，紧固状态是否良好，防缓标识清晰有无错位。

3）分解轴箱：用钢丝钳和套筒扳手拆下油压减振器；用套筒扳手松掉四个前端盖螺栓，取下前端盖；用套筒扳手拆卸压盖与轴头连接的三个螺栓，取下压盖和挡圈；拆下的零部件应摆放整齐，待检修后组装使用。

4）检查与修理：将各配件擦拭干净；目视检查轴箱体、前端盖、轴端压盖及挡圈，不应有裂损和变形；检查轴箱体螺纹孔和螺栓状态应良好，螺纹不应有滑牙、毛刺和碰伤；检查轴承可见部分应无变形裂损，铆钉无松动，滚柱无剥离，轴承内圈不得变色及松缓，油脂无异常变色，否则分解检查。测量轴承径向游隙，用塞尺在轴承最低点处测量轴承径向游隙，并记录；目视检查轴箱轴承油润状态，缺油时应用专用加油设备补油。

5）组装：装上端盖橡胶密封圈（橡胶圈必须换新），组装后不得有扭曲、啃切现象；装上挡圈和轴头压盖，用三个螺栓将压盖固定在车轴端部（防松片必须换新）；组装前端盖，用四个螺栓和弹簧垫固定在轴箱体上（螺栓对角紧固）；装上油压减振器；轴箱端盖安装螺栓及轴箱盖擦拭干净，清除旧的防缓标识，重新画好防缓标识。

6）结束工作：清理作业场地，填写检修质量记录。

2. 轴箱的装配

1）作业前准备：作业人员必须熟悉轴箱结构及操作流程；准备自制工具，风扳机、纯铜棒、手电筒、钢丝钳、内套工艺套、检点锤、外径千分尺、游标卡尺、塞尺、铁丝、纱布、毛巾、白棉丝、3#锂基脂、电热油槽、天车等工具及材料；正确齐全穿戴劳保用品。

2）装配作业程序：使用外径千分尺用十字交叉法测量轴头尺寸并记录，按测量尺寸选配轴承；内套热装，打开电热油槽，用铁丝将内外轴承内套用铁丝穿起放置于电热油槽进行加热，待内套加热到相应温度后立即取出热装；轴承检查，轴承内外圈不得有裂纹、点蚀剥离、拉伤和过热变色等不良现象，轴承保持架铆钉应紧固无松动，滚子在保持架内转动灵活无卡滞，保持架不得有变形、硬伤等不良现象，将轴承套装上以后滚动检查，滚动体自转灵活无卡滞，用塞尺检查轴承下部间隙应符合要求；各部件检修，轴箱体经煮洗池洗净后吊装至轴箱装配场地，检查轴箱体不允许有裂纹，检查轴箱体内部，锈蚀部分用纱布进行打磨处理，检查轴头端盖外观状态应良好，检查挡圈、挡板、垫圈等无变形拉伤、断裂等不良现象；装配轴承，放置调整垫圈，使用纯铜棒轻敲进行装配，用白棉丝擦去铜沫，取下轴箱后盖侧轴承保持架，检查轴承外圈标记，标记面向下放置使用纯铜棒进行装配，在轴承外圈滚道上均匀涂抹3#锂基脂，装配轴承保持架并均匀涂抹锂基脂，放置间隙调整垫圈，取下轴承前盖侧轴承保持架，检查轴承外圈标记，标记面向下放置使用纯铜棒进行装配，在轴承外圈滚道上均匀涂抹3#锂基脂，装配轴承保持架并均匀涂抹锂基脂，放置间隙调整垫圈；轴箱套装，带上轴承卡子，通过天车吊起轴箱体，将带锥度的工艺内套塞入轴承内，对正后将轴箱体和轴承推至轴颈上，取下工艺套及轴承卡子；安装轴承挡圈、挡板和挡环，轴头螺栓用防松片进行防缓；安装轴承端盖，使用扳手对角紧固螺栓，紧固完毕后，使用检点锤检查螺栓紧固情况。检查轴箱横动量，轴箱装配完成后，将轴箱进行转动检查以保证轴承灵活无卡滞，用游标卡尺测量轴箱横动量应符合技术要求；轴箱端盖安装螺栓及轴箱盖擦拭干净，清除旧的防缓标识，重新画好防缓标识。

3）结束工作：清理作业场地，填写检修质量记录。

📑 **【收集信息】**

1. 我们的学习任务是什么？

_____

_____

_____

2. 为顺利完成本任务，请大家认真完成以下信息收集。

1）指出轴箱装置各部分的名称。

1—车 轴，2—_____，3—_____，4—轴 承 内 圈，5—_____，6—_____，7—端盖螺栓，8—螺母，9—垫片，10—_____，11—_____，12—平挡圈，13—_____，14—防松片，15—轴端螺栓，16—_____。

2）简述轴箱开盖作业顺序。

3）简述轴箱装配顺序。

【制订计划】

一、场地、设备、工具和材料准备（表 3-20）

表 3-20　场地、设备、工具统计表

序号	类别	名称
1	场地	轨道综合实训室
2	设备	转向架

序号	类别		名称
3	工具材料	轴箱开盖检查	排笔、黄油漆、油脂、铁丝（2×60）、密封圈、扭力扳手、套筒扳手、锤子、尖棍、手电筒、钢丝钳、油枪管、通针、塞尺
		轴箱装配	风扳机、纯铜棒、手电筒、钢丝钳、内套工艺套、检点锤、外径千分尺、游标卡尺、塞尺、铁丝、纱布、毛巾、白棉丝、3#锂基脂、电热油槽

二、小组人员分工（表3-21）

表3-21 人员分配表

任务名称				日期	
班组名称		组长		监督员	
操作员		观察员		展示员	
注意事项					

三、轴箱开盖检查计划

1. 轴箱开盖操作前的准备：＿＿＿＿＿＿＿＿＿＿＿＿＿＿＿＿
＿＿＿＿＿＿＿＿＿＿＿＿＿＿＿＿＿＿＿＿＿＿＿＿＿＿＿＿＿＿＿＿
＿＿＿＿＿＿＿＿＿＿＿＿＿＿＿＿＿＿＿＿＿＿＿＿＿＿＿＿＿＿＿＿

2. 选用工具和材料：＿＿＿＿＿＿＿＿＿＿＿＿＿＿＿＿＿＿＿＿＿＿
＿＿＿＿＿＿＿＿＿＿＿＿＿＿＿＿＿＿＿＿＿＿＿＿＿＿＿＿＿＿＿＿

3. 轴箱前盖拆卸步骤：＿＿＿＿＿＿＿＿＿＿＿＿＿＿＿＿＿＿＿＿＿
＿＿＿＿＿＿＿＿＿＿＿＿＿＿＿＿＿＿＿＿＿＿＿＿＿＿＿＿＿＿＿＿
＿＿＿＿＿＿＿＿＿＿＿＿＿＿＿＿＿＿＿＿＿＿＿＿＿＿＿＿＿＿＿＿
＿＿＿＿＿＿＿＿＿＿＿＿＿＿＿＿＿＿＿＿＿＿＿＿＿＿＿＿＿＿＿＿

四、轴箱装配计划

1. 轴箱组装操作前的准备：＿＿＿＿＿＿＿＿＿＿＿＿＿＿＿＿＿＿
＿＿＿＿＿＿＿＿＿＿＿＿＿＿＿＿＿＿＿＿＿＿＿＿＿＿＿＿＿＿＿＿
＿＿＿＿＿＿＿＿＿＿＿＿＿＿＿＿＿＿＿＿＿＿＿＿＿＿＿＿＿＿＿＿

2. 选用工具和材料：＿＿＿＿＿＿＿＿＿＿＿＿＿＿＿＿＿＿＿＿＿＿
＿＿＿＿＿＿＿＿＿＿＿＿＿＿＿＿＿＿＿＿＿＿＿＿＿＿＿＿＿＿＿＿

3. 轴箱组装步骤：＿＿＿＿＿＿＿＿＿＿＿＿＿＿＿＿＿＿＿＿＿＿＿
＿＿＿＿＿＿＿＿＿＿＿＿＿＿＿＿＿＿＿＿＿＿＿＿＿＿＿＿＿＿＿＿
＿＿＿＿＿＿＿＿＿＿＿＿＿＿＿＿＿＿＿＿＿＿＿＿＿＿＿＿＿＿＿＿
＿＿＿＿＿＿＿＿＿＿＿＿＿＿＿＿＿＿＿＿＿＿＿＿＿＿＿＿＿＿＿＿

📅 【实施计划】

请结合本小组制订的作业计划，完成下列内容的填写。

一、轴箱开盖作业

1）目视检查轴箱体、前端盖、轴端压盖及挡圈_____（是，否）有裂损和变形。

2）检查轴箱体螺纹孔和螺栓状态_____（是，否）良好。

3）检查轴承可见部分_____（是，否）有变形裂损，检查铆钉_____（是，否）有松动，滚柱_____（是，否）剥离，轴承内圈_____（是，否）有变色及松缓，油脂_____（是，否）变色。

4）测量轴承径向游隙，用塞尺在轴承最低点处测量轴承径向游隙_____（是，否）超限。

5）目视检查轴箱轴承油润状态，_____（是，否）缺油。

二、轴箱的组装

1）内套_____（是，否）达到热装温度。

2）轴承内外圈_____（是，否）有裂纹、点蚀剥离、拉伤和过热变色等不良现象，轴承保持架铆钉_____（是，否）紧固无松动，滚子在保持架内转动_____（是，否）灵活无卡滞，保持架_____（是，否）有变形硬伤等不良现象，将轴承套装上以后滚动检查，滚动体_____（是，否）自转灵活无卡滞，用塞尺检查轴承下部间隙_____（是，否）符合要求。

3）轴箱体_____（是，否）有裂纹，轴头端盖外观状态_____（是，否）良好，检查挡圈、挡板、垫圈等_____（是，否）有变形拉伤、断裂等不良现象。

4）装配轴承时，检查内侧轴承外圈标记_____（是，否）标记面向下，检查外侧轴承外圈标记_____（是，否）标记面向下。

5）轴承端盖紧固完毕后，使用检点锤检查螺栓_____（是，否）紧固。

6）轴箱装配完成后，检查轴承_____（是，否）转动灵活无卡滞，用游标卡尺测量轴箱横动量_____（是，否）符合技术要求。

7）轴箱端盖安装螺栓_____（是，否）画好防缓标识。

💻 【检查与控制】

观察员对操作员的工作过程评分，具体评分细则见表3-22。

表3-22　车钩连挂与解钩考核评分表

操作时间：40min

序号	考核项目	考核内容及要求（评分要点）	配分	评分标准	得分
1	检查前准备	确认操作环境安全 确认工具齐全	10	操作环境安全，5分 工具准备齐全，5分	

序号	考核项目	考核内容及要求（评分要点）	配分	评分标准	得分
2	轴箱开盖检查	开盖前检查	30	少检查一项，扣2分	
		分解轴箱		分解顺序错误扣5分；工具使用不规范扣2分	
		检查与修理		检查内容少一项扣2分	
		组装		组装顺序错误扣5分；螺栓紧固顺序错误扣2分	
3	轴箱各部件检查	轴箱组装	40	检查内容少一项扣2分	
		轴箱装配		装配顺序错误扣5分；工具使用不规范扣2分	
		组装完检查		检查内容少一项扣2分	
4	工具和量具的使用	正确使用各种工具和量具	10	工具、量具使用方法不正确，一次扣2分	
		不得损坏工具和量具		损坏工具、量具，不得分	
5	安全保护	劳保用品穿戴齐全	5	劳保用品穿戴不全，扣3分	
		文明操作、工具摆放有序	5	乱摆、乱放工具、量具，扣2分	
	总分		100	得分	

观察员：　　　　　　　　操作员：　　　　　　　　　　　　时间：

【评价反馈】

1. 自我评价

我做得好的地方	我还存在这些方面的问题
□ 动作准确	□ 动作不到位
□ 工具使用规范	□ 工具使用不规范
□ 安装步骤熟悉	□ 安装步骤不熟悉
□ 零件摆放整齐	□ 工具摆放不整齐
□ 操作用时合理	□ 操作用时过长
□ 工作态度端正	□ 工作态度不够端正

2. 小组评价

我们组做到了：□ 全员参与　□ 分工明确　□ 工作高效　□ 完成了工作任务

3. 教师评价

评价内容	评价指标	等级（星级评定）
1. 综合素养方面	1）态度是否积极，是否主动组织或参与活动 2）与小组同学合作是否良好 3）活动是否认真、善始善终 4）是否勇于克服困难	

（续）

评价内容	评价指标	等级（星级评定）
2. 知识技能方面	1）查阅资料技能 2）实地观察记录能力 3）调查研究能力 4）整理材料能力	

【知识巩固】

一、选择题

1. 轴箱装置连接着构架和（　　　）。

A. 侧架　　　　　　　B. 车体　　　　　　　C. 轮对

2. 城市轨道交通车辆轴箱装置所用轴承为（　　　）。

A. 圆柱滚子轴承　　　B. 推力轴承　　　　　C. 深沟球轴承

3. 装配轴承外圈时，应使用（　　　）敲击。

A. 木锤　　　　　　　B. 纯铜棒　　　　　　C. 铁锤

二、填空题

1. 轴箱装置是由_____和_____组成的。

2. 轴箱装置将车辆的垂直、水平载荷传递给_____，并不断保持_____的正常润滑条件，减少摩擦，降低运行阻力，限制轮对过大的_____，防止异物进入_____，使车辆不间断地运行。

3. 组装轴箱前端盖时，其端盖螺栓应_____紧固。

三、判断题

1. 组装轴箱时，为了避免浪费，防松片可以重复使用。　　　　　　　　（　　　）

2. 轴箱体与轴承外圈为间隙配合，因此轴箱体内部有锈蚀也不影响使用。

（　　　）

3. 轴承外圈安装时其标记面应朝下放置。　　　　　　　　　　　　　（　　　）

4. 轴箱前端盖螺栓只需要紧固到位即可。　　　　　　　　　　　　　（　　　）

课堂笔记

任务六 转向架闸瓦的更换

【任务描述】

某地铁车辆进行检修时之后发现闸瓦磨耗超限需要进行更换,一班组接到此任务,将会对闸瓦进行更换作业。

【学习目标】

目标名称	目标内容
知识目标	能叙述基础制动装置各部分名称
	能叙述基础制动装置类型
	能叙述闸瓦更换流程
技能目标	能独立完成闸瓦的更换及测量工作
	能独立完成更换结果的记录

【知识准备】

一、闸瓦制动基本知识

闸瓦制动是指制动时直接使用闸瓦压紧车轮踏面产生摩擦使列车停车,如图 3-29 所示。

踏面单元制动缸制动方式属于闸瓦制动方式的一种,也是目前城市轨道交通车辆转向架所采用的闸瓦制动方式,每台转向架设有四个踏面单元制动缸,分为两个具有停放功能的踏面单元制动缸和两个不具有停放功能的踏面单元制动缸,如图 3-30 和图 3-31 所示。

踏面制动单元缸对于车轮及闸瓦的磨耗间隙能自动进行补偿,还设有手动复原装置,通过手动复原装置也可以调整车轮及闸瓦间的间隙,使制动闸瓦和车轮踏面之间的距离保持在 5~10mm。

图 3-29 闸瓦制动

具有停放功能的踏面单元制动缸还配有手动缓解拉链,在侧梁上部便于操作。

图 3-30 带停放功能的踏面单元制动缸

图 3-31 不带停放功能的踏面单元制动缸

二、闸瓦的更换

闸瓦是车辆运行中用于制动的关键部件，一旦闸瓦损坏，车辆可能会无法制动，造成行车事故。闸瓦磨耗超限时，更换流程如下：

1）检查前的准备工作：检修人员应穿戴好劳保用品，在车轮外侧装上止轮器并悬挂禁动牌。

2）将截断塞门打到垂直位，使踏面制动单元气体排空，如图 3-32 所示。

3）对于具有停放功能制动的踏面制动单元，操作停放制动紧急缓解拉杆，确保制动闸瓦完全回退。

4）使用 46mm 呆扳手旋转六角头复位螺母，将制动闸瓦回拖，以使车轮与闸瓦达到较大间隙（以方便安装新闸瓦），如图 3-33 所示。

图 3-32 排空踏面制动单元气体

图 3-33 使车轮与闸瓦达到较大间隙

5）将闸瓦销从销孔中取出，如图 3-34 所示。

6）松下闸瓦钎，将旧闸瓦取出，如图 3-35 所示。

图 3-34 将闸瓦销从销孔中取出

图 3-35 将旧闸瓦取出

7）新闸瓦安装过程相反。

8）检查。

① 检查各部件安装情况。

② 将截断塞门打至水平位，使踏面制动单元充气。

③ 施加几次缓解制动，此过程将自动调整闸瓦与车轮之间的间隙，检查闸瓦的工作状态。

④ 制动缓解后，测量制动闸瓦与车轮之间的间隙，间隙应为 5~10mm。

⑤ 填写维修记录。

【收集信息】

1. 我们的学习任务是什么？

_____

_____

_____

2. 为顺利完成本任务，请大家认真完成以下信息收集。

简述闸瓦更换流程：

_____

_____

_____

【制订计划】

一、场地、设备、工具和材料准备

场地、设备、工具和材料的准备见表 3-23。

表 3-23　场地、设备、工具和材料统计表

序号	类别		名称
1	场地		轨道综合实训室
2	设备		转向架
3	工具和材料	闸瓦更换	转向架、闸瓦、呆扳手、小号撬棍、钢直尺

二、小组人员分工（表 3-24）

表 3-24　人员分配表

任务名称			日期	
班组名称		组长	监督员	
操作员		观察员	展示员	
注意事项				

三、构架检修计划

1. 正式进行闸瓦更换前应做好的准备：

2. 选用工具和材料：_____

3. 闸瓦更换步骤：_____

_____

_____

_____

📅 【实施计划】

请结合本小组制订的作业计划，并完成表 3-25 的填写。

表 3-25　闸瓦更换

闸瓦更换步骤	内容	完成情况
步骤一	穿戴劳保用品并悬挂禁动牌	
步骤二		
步骤三		
步骤四		
步骤五		
步骤六		
步骤七	安装新闸瓦	
步骤八 检查	1. 检查各部件安装情况	
	2.	
	3.	
	4.	
	5. 填写更换记录	

💻 【检查与控制】

观察员对操作员的工作过程评分，具体评分细则见表 3-26。

表 3-26　闸瓦更换考核评分表

操作时间：40min

序号	考核项目	考核内容及要求 （评分要点）	配分	评分标准	得分
1	检查前准备	确认操作环境安全 确认工具齐全	10	操作环境安全，5 分 工具准备齐全，5 分	
2	闸瓦更换	旧闸瓦拆卸	70	拆卸过程不正确扣 5 分	
		新闸瓦安装		安装过程不正确扣 5 分	
		检查		少检查一项，扣 5 分	

序号	考核项目	考核内容及要求 （评分要点）	配分	评分标准	得分
3	工具和量具 的使用	正确使用各种工具和量具 不得损坏工具和量具	10	工具、量具使用方法不正确，一次扣2分 损坏工具、量具，不得分	
4	安全保护	劳保用品穿戴齐全	5	劳保用品穿戴不全，扣3分	
		文明操作、工具摆放有序	5	乱摆、乱放工具、量具，扣2分	
	总分		100	得分	

观察员： 操作员： 时间：

【评价反馈】

1. 自我评价

我做得好的地方	我还存在这些方面的问题
□ 动作准确	□ 动作不到位
□ 工具使用规范	□ 工具使用不规范
□ 安装步骤熟悉	□ 安装步骤不熟悉
□ 零件摆放整齐	□ 工具摆放不整齐
□ 操作用时合理	□ 操作用时过长
□ 工作态度端正	□ 工作态度不够端正

2. 小组评价

我们组做到了：□ 全员参与　□ 分工明确　□ 工作高效　□ 完成了工作任务

3. 教师评价

评价内容	评价指标	等级（星级评定）
1. 综合素养方面	1）态度是否积极，是否主动组织或参与活动 2）与小组同学合作是否良好 3）活动是否认真、善始善终 4）是否勇于克服困难	
2. 知识技能方面	1）查阅资料技能 2）实地观察记录能力 3）调查研究能力 4）整理材料能力	

【知识巩固】

一、填空题

1. 闸瓦与车轮之间的间隙标准是_____。

2. 踏面单元制动缸分为_____和_____两种形式。

3. 踏面制动单元缸对于车轮及闸瓦的磨耗间隙能_____。

二、判断题

1. 做好防护后就可直接取下插销进行闸瓦拆卸。 （ ）

2. 新闸瓦安装完毕之后，因其与车轮之间的间隙能自动调整，所以可不进行检查直接投入使用。 （ ）

任务七 弹性悬挂装置的维护

【任务描述】

某地铁公司一列地铁运行一段时间后进库进行月检，检修车间一班组接到转向架弹性悬挂装置的检修任务，将进行一系及二系悬挂装置的外观检查及尺寸测量作业。

【学习目标】

目标名称	目标内容
知识目标	能叙述弹性悬挂装置的组成
	能叙述弹性悬挂装置的维护内容
	能叙述弹性悬挂装置维护所需要的工具
技能目标	能独立完成弹性悬挂装置的维护工作
	能独立完成维护的记录

【知识准备】

一、弹性悬挂装置的组成

弹性悬挂装置包括一系悬挂装置和二系悬挂装置。一系悬挂装置采用圆锥叠层橡胶弹簧，通过两个螺栓将一系弹簧上端固定在构架弹簧座上，如图 3-36 所示。圆锥金属橡胶弹簧在结构上使轴箱在纵向、横向和垂直方向实现无间隙、无磨耗的弹性定位，并承受三个方向的载荷。二系悬挂装置主要由空气弹簧、高度调整阀、调整杆、水平杠杆、压差阀和安全钢索等零件组成，可实现缓冲减振及车体高度的自动调整等功能。

1. 一系悬挂装置

一系悬挂装置采用橡胶弹簧，具有以下优点：

1）可以自由确定形状，使各个方向的刚度根据设计要求来确定。利用橡胶的三维特性可同时承受多向载荷，以便于简化结构。

2）可避免金属件之间的磨耗，安装、

图 3-36 一系悬挂装置

拆卸简便，并无须润滑，故有利于维修，降低成本。

3）可减轻自重。

4）具有较高内阻，对高频振动的减振以及隔音有良好的效果。

5）弹性模量比金属小得多，可以得到较大的弹性变形，容易实现预想的、良好的非线性特性。

但是橡胶弹簧耐高温，耐低温和耐油性能比金属弹簧差，使用时间长易老化，而且性能离散度大，同批产品的性能差别可达 10%。但随着橡胶工业的发展，正在研究改进橡胶性能，以弥补这些不足。

2. 二系悬挂装置

二系悬挂装置如图 3-37 所示。

图 3-37　二系悬挂装置

（1）空气弹簧

1）空气弹簧的优点。空气弹簧主要有以下优点：

① 刚度可选低值，以降低车辆的自振频率。

② 具有非线性特性，可设计比较理想的弹性特性曲线。

③ 刚度随载荷而改变，保证空、重车时车体的自振频率几乎相等，空、重车的运行平稳性接近。

④ 与高度控制阀并用时，使车体在不同静载下，保持地板距轨面的高度不变。

⑤ 可承受三维方向的载荷，简化结构，减轻自重。

⑥ 与附加空气室之间装设适宜的节流孔，代替垂向油压减振器。

⑦ 具有良好的吸收高频振动和隔音性能。

2）空气弹簧的组成。空气弹簧主要由列车主风管、支管、截断塞门和储风缸等组成，如图 3-38 所示。

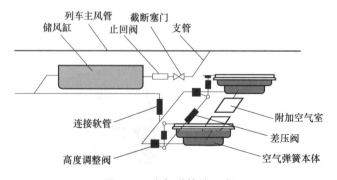

图 3-38　空气弹簧的组成

（2）高度调整阀 高度调整阀（图3-39）可保证车体在不同载荷下都与轨面保持一定的高度。当车辆载荷发生变化时，高度调整阀根据载荷的增减自动增减空气弹簧中的空气量，从而使空气弹簧的高度保持最佳状态，保证前后车辆之间的可靠连挂。

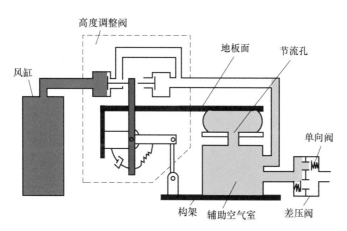

图 3-39　高度调整阀的作用原理

空气弹簧在车体载荷增加时，空气弹簧的内压将不足，因而被压缩，高度降低。相反，空气弹簧在车体载荷减少时，空气弹簧的内压将过剩，因而空气弹簧伸长，高度增加。

（3）差压阀 差压阀是保证一个转向架两侧空气弹簧的内压之差，不能超过为保证行车安全规定的某一定值。若超出时，则差压阀自动沟通左右两侧的空气弹簧，使压差维持在该定值以下，所以差压阀在空气弹簧悬挂系统装置中起保证安全的作用。

当右侧空气弹簧压力下降，左右两侧空气弹簧压差超过规定时，单向阀打开，左右两侧空气弹簧被沟通，左侧空气弹簧内的压力空气向右侧空气弹簧充入；当两侧压差降低至规定值时，单向阀关闭，差压阀又处于通常状态，如图3-40所示。

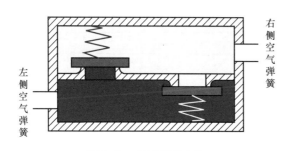

图 3-40　差压阀示意图

当左侧空气弹簧压力下降，右侧空气弹簧向左侧空气弹簧充气，其工作原理同上，方向相反。

如果一侧的空气弹簧破裂，差压阀就会使另一侧弹簧把空气放掉，避免车体的过大倾斜，保证安全。

二、弹性悬挂装置的维护

1. 一系悬挂装置的维护

1）外观检查：金属零件的裂纹，橡胶零件的粘接裂缝，橡胶零件的臭氧裂纹，油的污染。

2）尺寸检查：轴箱体上面和构架侧面止挡的垂向间距标准应为（115±5）mm，橡胶部位损伤的更换标准为臭氧裂纹深度超过 3mm，粘接裂纹深度超过 3mm、裂纹长度超过 30mm，蠕变更换（空车时）标准为橡胶弹簧的高度小于 215mm。

2. 二系悬挂装置的维护

1）空气弹簧外观检查：空气弹簧上面板和车体的空气弹簧座之间是否密贴；橡胶气囊的表面是否划伤；用肉眼检查每个零件的变形；橡胶气囊上的化学物品和油；清除各部位尤其是气囊与上面板、橡胶座之间的尘垢；橡胶堆金属零件的弯曲或裂纹，橡胶和金属零件的粘接状态；油或润滑脂的污染。

2）空气弹簧尺寸检查：气囊的裂纹深度超过 1mm、气囊的磨损深度超过 1mm（帘布外露）不得使用；橡胶堆的裂纹深度超过 1mm 不得使用；底座的锈蚀超过 2mm 不得使用；用针扎破局部表面鼓包部位，如果没有空气泄漏，则可以继续使用；橡胶堆的橡胶和金属件的粘接部位裂纹超过 6mm、橡胶的裂纹圆周超过 30%、深度超过 6mm 时橡胶应更换。

3）高度调整阀与差压阀：检查其外观是否良好，无变形、裂纹等损伤，观察阀门有无泄漏情况。

【收集信息】

1. 我们的学习任务是什么？

_____

_____

_____

2. 为顺利完成本任务，请大家认真完成以下信息收集。

简述弹性悬挂装置维护内容：

_____

_____

_____

_____

【制订计划】

一、场地、设备、工具和材料准备

场地、设备、工具和材料准备见表 3-27。

表 3-27　场地、设备、工具和材料统计表

序号	类别		名称
1	场地		轨道综合实训室
2	设备		转向架
3	工具和材料	弹性悬挂装置维护	转向架、针、钢直尺、卷尺、湿布

二、小组人员分工（表3-28）

表 3-28　人员分配表

任务名称				日期	
班组名称		组长		监督员	
操作员		观察员		展示员	
注意事项					

三、构架检修计划

1. 正式进行弹性悬挂装置维护前应做好的准备：＿＿＿＿＿＿＿＿＿＿＿＿

＿＿＿

2. 选用工具和材料：＿＿＿＿＿＿＿＿＿＿＿＿＿＿＿＿＿＿＿＿＿＿＿＿＿

＿＿＿

3. 检查维护步骤：＿＿＿＿＿＿＿＿＿＿＿＿＿＿＿＿＿＿＿＿＿＿＿＿＿＿＿

＿＿＿

＿＿＿

＿＿＿

【实施计划】

请结合本小组制订的作业计划，并完成表 3-29 的填写。

表 3-29　弹性悬挂装置记录表

检查内容	弹性悬挂装置维护	观察（测量）结果	结论
外观检查	一系悬挂		
	二系悬挂		
一系悬挂装置	轴箱体上面和构架侧面止挡的垂向间距		
	臭氧裂纹		
	粘接裂纹		
	橡胶弹簧的高度		
二系悬挂装置	气囊的裂纹		
	气囊的磨损		
	橡胶堆的裂纹		
	底座的锈蚀		
	鼓包		

【检查与控制】

观察员对操作员的工作过程评分，具体评分细则见表 3-30。

课堂笔记

表 3-30　弹性悬挂装置检查维护考核评分表

操作时间：40min

序号	考核项目	考核内容及要求（评分要点）	配分	评分标准	得分
1	检查前准备	确认操作环境安全 确认工具齐全	10	操作环境安全，5 分 工具准备齐全，5 分	
2	弹性悬挂装置维护	一系悬挂外观检查	70	少检查一项，扣 5 分；	
		一系悬挂尺寸测量		少测量一项，扣 5 分；测量过程不规范，扣 2 分	
		二系悬挂外观检查		少检查一项，扣 5 分；	
		二系悬挂尺寸测量		少测量一项，扣 5 分；测量过程不规范，扣 2 分	
3	工具和量具的使用	正确使用各种工具和量具 不得损坏工具和量具	10	工具、量具使用方法不正确，一次扣 2 分 损坏工具、量具，不得分	
4	安全保护	劳保用品穿戴齐全	5	劳保用品穿戴不全，扣 3 分	
		文明操作、工具摆放有序	5	乱摆、乱放工具、量具，扣 2 分	
	总分		100	得分	

观察员：　　　　　　　　操作员：　　　　　　　　　　　　时间：

【评价反馈】

1. 自我评价

我做得好的地方	我还存在这些方面的问题
□ 动作准确	□ 动作不到位
□ 工具使用规范	□ 工具使用不规范
□ 安装步骤熟悉	□ 安装步骤不熟悉
□ 零件摆放整齐	□ 工具摆放不整齐
□ 操作用时合理	□ 操作用时过长
□ 工作态度端正	□ 工作态度不够端正

2. 小组评价

我们组做到了：□ 全员参与　□ 分工明确　□ 工作高效　□ 完成了工作任务

3. 教师评价

评价内容	评价指标	等级（星级评定）
1. 综合素养方面	1）态度是否积极，是否主动组织或参与活动 2）与小组同学合作是否良好 3）活动是否认真、善始善终 4）是否勇于克服困难	

评价内容	评价指标	等级（星级评定）
2. 知识技能方面	1）查阅资料技能 2）实地观察记录能力 3）调查研究能力 4）整理材料能力	

📰 【知识巩固】

一、选择题

1. 空气弹簧属于（　　）。

A. 一系悬挂装置　　　B. 二系悬挂装置　　　C. 轴箱弹簧

2. 当车体载荷增加时，风缸会向空气弹簧（　　）。

A. 充气　　　　　　　B. 排气　　　　　　　C. 加压

3. 橡胶弹簧的高度小于（　　）时需要更换。

A. 220mm　　　　　　B. 215mm　　　　　　C. 195mm

二、填空题

1. 二系悬挂装置除了起缓冲减振作用外，还可以自动调整_____。

2. 用针扎破空气弹簧局部表面的鼓包部位，如果没有_____，则可以继续使用。

3. 轴箱体上面和构架侧面止挡的垂向间距为_____。

三、判断题

1. 高度调整阀可使空气弹簧左右侧压力大致相等。　　　　　　　　（　　）

2. 空气弹簧属于一系悬挂装置。　　　　　　　　　　　　　　　　（　　）

3. 气囊的裂纹深度超过1mm不得使用。　　　　　　　　　　　　　（　　）

—— 延 伸 阅 读 ——

　　张重阳，一位行走在一线的"地铁工匠"，2003年，38岁的他才从化工行业转到轨道交通行业，凭着对技能的不断钻研创新，仅仅用时7年，他就从"门外汉"转变为首席维修专家。张重阳说过："知之者不如好之者，好之者不如乐之者。我们以职业为乐，所以就不会感觉到自卑。"把工作当作兴趣爱好的他，先后自学了微机、电子、电气等相关专业技术知识。为了看懂国外进口设备的技术材料，在工作之余还一直坚持自学英语。2004年，广州地铁进口了当时国内第一辆钢轨打磨车，用于消除钢轨波浪形磨耗，减少车辆振动，保障乘客出行安全。张重阳利用自学的英语频频请教外国专家，在两年时间内，张重阳不仅完全掌握了钢轨打磨车的工作原理以及操作维修技术，还将总结归纳的相关技术的改进措施、方案等信息反馈给国内设备制造厂家，用于提升设备的国产化水平。

　　作为一名一线检修人员，我们也需要有张重阳的那种学习专研、以职业为乐的精神，把工作当作兴趣爱好才能认真对待日常的检修工作，不放过任何一处故障，保证车辆的正常运行。就像张重阳说的那样："因为我们的特长和兴趣在这里，就是把检修质量做到最好，让我们的车出去以后保证安全"。

【学而思】

1. 请收集几个"地铁工匠"的故事和同学们分享一下。

2. 结合张重阳的故事，谈谈你以后在完成每天计划的检修任务后，如何做到刻苦钻研，不断提高自己的技术水平。

项目四
城市轨道交通车辆车端连接装置认知与维护

　　车端连接装置是车辆最基本的也是最重要的部件之一，用于连接列车的各个车厢，连通列车内部的机械、风路和电路，从而使车辆形成一个整体。车辆连接装置主要包括：车钩缓冲装置和贯通道装置，通过它们使列车中车辆相互连接，实现相邻车辆之间的纵向力传递和通道的连接。车钩缓冲装置包括连挂系统和缓冲器等部分，贯通道则包括密接式风挡，渡板等装置。车端连接装置的正确使用与维护对车辆的安全运行有着至关重要的意义，本项目的学习任务有：

　　任务一　密接式车钩的连挂与解钩
　　任务二　密接式车钩的对中调整
　　任务三　贯通道的拆装与维护

任务一 密接式车钩的连挂与解钩

【任务描述】

某地铁公司车辆段对运行了十年以上的列车进行了一次大修，修竣后对车辆进行组装。现一班组接到对组装好的车辆进行编组的任务，需要对车钩部分的连挂和解钩功能进行试验并最终完成列车编组。

【学习目标】

目标名称	目标内容
知识目标	能叙述车钩各部件的名称
	能够识别车钩各部件
	能正确理解车钩各部件的作用
技能目标	能够正确指出各部件的位置
	能与他人进行有效的沟通、合作，完成车钩连挂与解钩
	能按 6S 管理规定进行作业

【知识准备】

一、车钩的作用

车钩是牵引缓冲装置中的主要部件之一，是用来实现机车和车辆或车辆和车辆之间的连挂，传递牵引力及冲击力，并使车辆之间保持一定距离的车辆部件。

二、车钩的类型

城轨车辆用车钩基本上可分为自动车钩、半自动车钩和半永久性牵引杆三种。

1. 自动车钩

自动车钩位于列车端部，其机械、电气和风路连接装置都组装在钩头上。当车辆连挂时，车钩的机械、风路、电路系统都能自动连接；解钩时，可在司机室控制自动解钩或采用手动解钩。解钩后，车钩即处于待挂状态；电气连接器通过盖板自动关闭，以防止水和尘土进入；主风管连接器也自动关闭，防止压缩空气泄漏。

我国城轨车辆用自动车钩主要有两种：一种是柴田密接式车钩，采用半圆形钩舌；另一种是 Scharfenberg 密接式车钩，采用拉杆式连接结构。

（1）柴田密接式车钩 柴田密接式车钩如图 4-1 所示，主要由车钩钩头、橡胶金属片式缓冲器、风管连接器和电气连接器等组成，缓冲器位于钩头的后部。

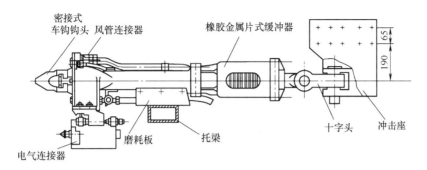

图 4-1 柴田密接式车钩组成

柴田密接式车钩有三种状态，分别是待挂状态、连挂状态、解钩状态，其作用原理如图 4-2 所示。

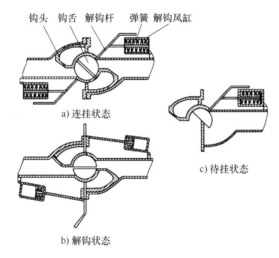

图 4-2 柴田密接式车钩作用原理

1）待挂状态。为车钩连接前的准备状态，此时钩舌定位杆被固定在待挂位置，解钩风缸活塞杆处于回缩状态，此时半圆形钩舌的连接面与水平面呈 40°角。

2）连挂状态。两钩连挂时，钩头凸锥插入对方相应的凹锥孔中，此时钩头凸锥的内侧面在前进中推压对方钩舌使其转动，这时解钩风缸的弹簧受压缩，钩舌旋转，当两钩连接面接触后，凸锥的内侧面已不再压迫对方的钩舌，由于弹簧的作用，使钩舌向相反方向旋转并恢复到原来的状态，此时处于闭锁位置，完成了两车（钩）连挂。

3）解钩状态。分解时，由司机操纵解钩阀，压缩空气由总风管进入本车的解钩风缸，同时经解钩风管连接器送入相连挂的另一辆车的解钩风缸，推动活塞杆向前并带动解钩杆，使钩舌转动至开锁位置，此时两钩解开。

当手动解钩时，用人力推动解钩杆，使钩舌转动至开锁位置，就可实现两钩的分解。

（2）Scharfenberg 密接式车钩 Scharfenberg 密接式车钩结构如图 4-3 所示，它主要由车钩钩头、橡胶弹簧、风管连接器和电气连接器等组成，缓冲器位于钩头的后部。Scharfenberg 密接式车钩的工作原理如图 4-4 所示。

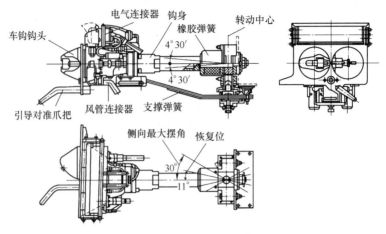

图 4-3　Scharfenberg 密接式车钩结构

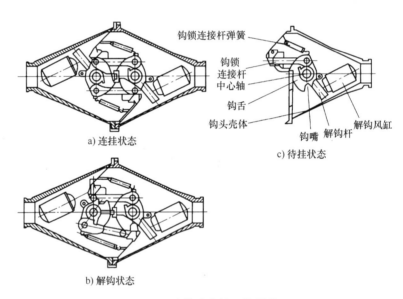

图 4-4　密接式车钩工作原理

1）待挂状态。钩舌定位杆上的顶块使钩舌定位在开锁位置上，钩锁连接杆退至壳体前半部的凸锥内，钩锁弹簧处于最大拉伸状态，钩舌上的钩嘴对着钩头正前方。

2）连挂状态。相连车钩的凸锥体伸入对方的凹锥孔内，推动定位杆顶块带动钩舌定位杆离开待挂位置。在钩锁弹簧的作用下使钩舌绕中心轴逆时针转动，带动钩锁连接杆伸入相连钩舌的钩嘴内，完成车钩连挂。

3）解钩状态。司机操纵电磁阀，使解钩风缸充气，风缸活塞杆推动钩舌绕中心轴顺时针转动，带动钩锁连接杆脱离对方钩嘴，并克服钩锁弹簧的拉力使其缩回到自身的钩头锥体内。此时，定位杆顶块控制钩舌定位杆使车钩处于解钩状态。

2. 半自动车钩

半自动车钩（图 4-5）用于两编组单元之间的车辆连挂。通常半自动车钩的钩头连接形式与自动车钩相同，连挂方式和锁闭方式也相同。两个相同的车钩可以在直线线路和曲线线路上自动连挂。半自动车钩可以实现列车单元之间的机械连接和风管连接的自动连接，电气连接只能手动。解钩时，机械和气路部分可自动，也可手动操作,但不能在司机室集中控制。在半自动车钩上设有贯通道支撑座,用于车辆运行过程和解钩之后支撑贯通道。支撑座可以承受贯通道及所承受的载荷。

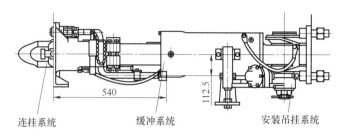

图 4-5　半自动车钩

3. 半永久性牵引杆

半永久性牵引杆用于同一单元内车辆之间的编组,使之编组成单元。列车单元在运行过程中一般不需要分解,通常只在维修时才进行分解。当两车连挂时(即形成刚性连接),其连接间隙最小。国产地铁车辆半永久性牵引杆结构如图 4-6 所示。

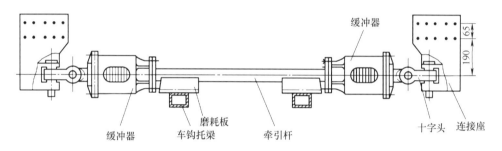

图 4-6　国产地铁车辆半永久性牵引杆

三、车钩的连挂装置

车钩的连挂装置由连挂系统、压溃装置、缓冲系统、对中装置和过载保护装置等组成,车钩上设置保护功能,其中全自动钩缓装置可以实现列车之间机械、电气和风路的自动连接,半自动钩缓装置保证列车之间的机械、风路的自动连接,自动、手动解钩。半永久钩缓装置用于单元内部两车之间的连接,其作用是保证车组单元内部车辆的机械连接和风路连接,连接和分解时需要人工手动操作。

连挂系统由密接式机械钩头、电气连接器两大部分组成,集成了机械连挂、风路和电路连通的功能,能够实现手动和自动进行解钩操作。国产地铁车辆半自动车构连挂系统如图 4-7 所示。

在开钩时,人工扳动解钩手柄,使钩体内部的钩舌及其他机构旋转到最大角度,到达全开位,此时两车钩可以正常分离。然后释放解钩手柄,在回复弹簧力的作用下,钩舌等其他内部机构回复到待连挂位。

风管连接器分为总风管连接器(图 4-8)、制动主管连接器(图 4-9)和解钩分管连接器三种。其中制动主管连接器和解钩分管连接器结构完全相似,只是制动主管连接器尺寸大一些。

制动主管连接器和总风管连接器基本结构相似,主要区别因其没有自动关闭的顶开阀装置,所以在制动管之间设有手动截断塞门,当相邻两车钩不连接时,应将手动截断塞门关闭;当两车钩连挂后,塞门应开启;当事故脱钩时,塞门仍处于开通位置,因而能立刻产生紧急制动。

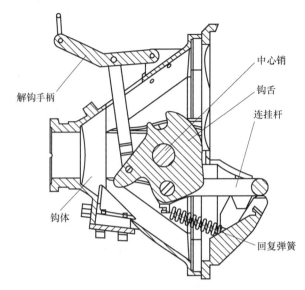

图 4-7　国产地铁车辆半自动车钩连挂系统

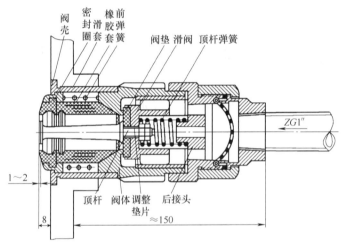

图 4-8　总风管连接器

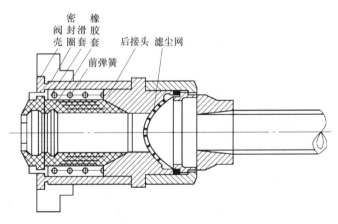

图 4-9　制动主管连接器

　　电气连接器由箱体、悬吊装置和定位孔等组成，如图 4-10 所示。电气连接器外装保护罩，分设于钩头两侧，可前后伸缩。通过悬吊装置使钩体与电气连接器弹性连接。连挂时保护罩自动开启，电气箱推出，箱体可退缩3~4mm，使其端面高于车钩端面，靠弹簧压力，保证良好接触；触头上有银片，以减小电阻。箱体的一侧有定位销，对称侧有定位孔，两钩连挂时定位销插入对应的定位孔，以保证触头的准确连接；密封条用来防雨水和灰尘进入电气箱。解钩后电气箱退回原位，保护罩自动关闭。

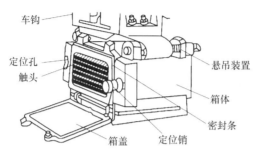

图 4-10　电气连接器

四、车钩的连挂与解钩操作

1. 连挂操作步骤

车钩连挂指示机构示意图如图 4-11 所示。

车钩的连挂操作步骤如下。

1）确保车钩正常处于待挂状态，连挂前确认车钩处于连挂范围内。

2）将两辆需要连挂的车辆靠近，进行车钩连挂。

3）车钩接触后继续靠近，连挂装置互相挤压并连挂，此时可看见解钩手柄迅速拉起且迅速回复到原位。

4）检查两侧车钩连挂指示机构，确认连挂指示线与连挂指示块所指的方向重合，表示车钩已经连挂。

5）最后拉动车辆，确认车钩连挂完成。

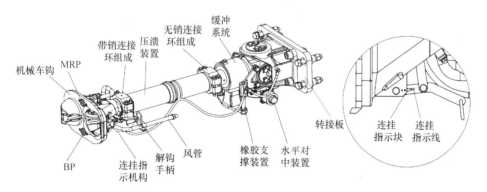

图 4-11　车钩连挂指示机构示意图

2. 解钩操作步骤

解钩操作以人工方式完成，具体步骤如下。

1）拉动车钩上的手动解钩手柄，拉到不能拉动为止，然后松手。

2）检查拉动侧的车钩连挂指示机构，连挂指示线与连挂指示块呈一定角度，如图 4-12 所示。

3）最后分离车辆，车钩解钩完成。

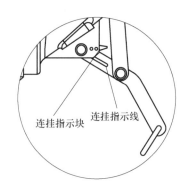

图 4-12　解钩示意图

连挂指示块　连挂指示线

【收集信息】

1. 我们的学习任务是什么？

_____

_____

2. 为顺利完成本任务，请大家认真完成以下信息收集：

1）城市轨道交通车辆用的车钩有_____、_____和_____三种。一般头尾车多使用_____车钩，中间车多使用_____车钩。

2）判断图中几种车钩的类型。

（　　　　　）　　（　　　　　）　　（　　　　　）

3）用彩色笔圈出下图中全自动车钩和半自动车钩的区别。

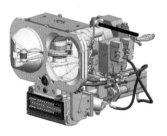　　　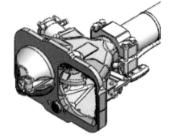

全自动车钩　　　　　　半自动车钩

4）请思考一下车钩连挂和解钩时需要注意什么？

_____

_____

_____

5）手动解钩时需要注意什么？

_____

_____

_____

【制订计划】

一、场地、设备、工具和材料准备（表 4-1）

表 4-1　场地、设备、工具和材料统计表

序号	类别	名称	数量
1	场地	轨道综合实训室	
2	设备	密接式车钩	1 对
3	工具和材料	六角棘轮扳手	2 副
		手套	2 副
		扭力扳手	2 个
		记号笔	2 个
		眼罩	2 副
		清洁抹布	若干
		安全帽	4 个

二、小组人员分工（表 4-2）

表 4-2　车钩连挂与解钩任务人员分配表

专业班组		组长		日期	
任务名称					
小组成员	操作员	观察员	监督员	展示员	
作业注意事项					

三、车钩连挂与解钩任务计划

1. 操作前需要测试车钩哪些性能？

_____

_____

2. 连挂操作步骤：

_____

_____

3. 解钩操作步骤：

_____

_____

4. 质量检查：

_____

_____

_____

【实施计划】

请结合本小组制订的作业计划，对车钩进行连挂与解钩操作，并完成下列内容的填写。

1. 本小组操作的是（全自动＼半自动＼半永久）车钩，电路需要（手动＼自动）连挂。

2. 连挂操作步骤：

1）车钩正常处于（　　）状态，连挂前确认车钩处于连挂范围内。

2）将两辆需要（　　）的车辆靠近进行车钩连挂。

3）车钩接触后继续靠近，连挂装置互相挤压并连挂，此时可看见（　　）迅速拉起且迅速回复到原位。

4）检查两侧车钩连挂指示机构，确认连挂指示线与连挂指示块所指的方向（　　），表示车钩已经连挂。

5）拉动车辆，确认车钩连挂完成。

3. 解钩操作步骤：解钩操作以（　　）方式完成。

1）拉动车钩上的（　　）手柄，拉到不能拉动为止，然后松手。

2）检查拉动侧的车钩连挂指示机构，连挂指示线与连挂指示块呈（　　）。

3）分离车辆，车钩解钩完成。

【检查与控制】

观察员对操作员的工作过程评分，具体评分细则见表4-3。

表4-3　车钩连挂与解钩考核评分表

操作时间：40min

序号	考核项目	考核内容及要求（评分要点）	配分	评分标准	得分
1	检查前准备	确认车钩安装正确 确认车钩无损坏 确认工具齐全	20	车钩状态报告，5分 车钩检查无误，5分 工具准备齐全，5分	
2	车钩连挂	检查车钩状态 观察解钩手柄动作 检查连挂指示标志	30	检查错误扣5分 报错扣5分，检查错误扣5分 报错扣5分，检查错误扣5分	
3	车钩解钩	拉动解钩手柄是否到位 连挂指示线是否分开 确认车钩分离	30	报错扣5分，检查错误扣5分 报错扣5分，检查错误扣5分 报错扣5分，检查错误扣5分	
4	工具和量具的使用	正确使用各种工具和量具 不得损坏工具和量具	10	工具、量具使用方法不正确，一次扣2分 损坏工具、量具，不得分	
5	安全保护	劳保用品穿戴齐全 文明操作、工具摆放有序	5 5	劳保用品穿戴不全，扣3分 乱摆、乱放工具、量具，扣2分	
	总分		100	得分	

观察员：　　　　　　操作员：　　　　　　时间：

【评价反馈】

1. 自我评价

我做得好的地方	我还存在这些方面的问题
□ 动作准确	□ 动作不到位
□ 工具使用规范	□ 工具使用不规范
□ 安装步骤熟悉	□ 安装步骤不熟悉
□ 零件摆放整齐	□ 工具摆放不整齐
□ 操作用时合理	□ 操作用时过长
□ 工作态度端正	□ 工作态度不够端正

2. 小组评价

我们组做到了：□ 全员参与　　□ 分工明确　　□ 工作高效　　□ 完成了工作任务

3. 教师评价

评价内容	评价指标	等级（星级评定）
1. 综合素养方面	1）态度是否积极，是否主动组织或参与活动 2）与小组同学合作是否良好 3）活动是否认真、善始善终 4）是否勇于克服困难	
2. 知识技能方面	1）查阅资料技能 2）实地观察记录能力 3）调查研究能力 4）整理材料能力	

【知识巩固】

一、选择题

1. 判断车钩是否为全自动或半自动时主要是查看该车钩是否具有（　　）。

A. 电气连接器　　　　B. 风管连接器　　　　C. 机械钩头

2. 手动解钩时需要操作的部位名称叫做（　　）。

A. 解钩风缸　　　　　B. 解钩手柄　　　　　C. 连挂指示

3. 判断车钩是否连挂到位的标准叫做（　　）。

A. 水平对中装置　　　B. 连挂指示机构　　　C. 缓冲装置

4. 车钩连挂前的状态称之为（　　）。

A. 待挂位　　　　　　B. 解钩位　　　　　　C. 连挂位

二、判断题

1. 所有的车钩都可以手动解钩。　　　　　　　　　　　　　　（　　）

2. 半自动车钩的风管连接器需要手动连接。　　　　　　　　　（　　）

3. 半永久性牵引杆是成对编组的，可以不经常解钩。　　　　　（　　）

4. 车钩连接指示标志是判断车钩是否连挂到位的唯一标准。　　（　　）

任务二 密接式车钩的对中调整

【任务描述】

某地铁公司机械班组接到对某车辆的定修任务，其中需要对车钩进行对中调整操作，现就该任务进行实施。

【学习目标】

目标名称	目标内容
知识目标	能叙述车钩垂直对中操作步骤
	能叙述车钩水平对中操作步骤
	能掌握车钩中心线高的标准尺寸
技能目标	能够准确找到车钩水平对中和垂直对中装置的位置
	能与他人进行有效的沟通、合作，完成车钩的对中、高度调整操作
	能够正确使用钩高尺完成车钩高度测量
	能按 6S 管理规定进行作业

【知识准备】

一、车钩结构

1. 压溃装置

半自动钩缓装置的压溃装置采用膨胀式压溃管（图 4-13）。压溃管具有较大的能量吸收能力，当列车在运行或连挂过程中发生碰撞，钩缓装置受到的纵向压载荷大于设定值时，压溃管就会产生塑性变形，最大限度吸收冲击能量，以达到保证车辆人身安全和保护车辆设备的目的。

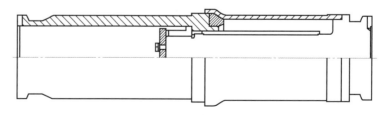

图 4-13 压溃管外形示意图

2. 缓冲装置

密接式车钩用弹性胶泥缓冲器和地铁车钩用弹性胶泥缓冲器是与我国现有的密接式车钩和地铁车钩配套使用的。弹性胶泥缓冲器主要由牵引杆、内半筒和弹性胶泥芯子等组成，如图 4-14 所示。

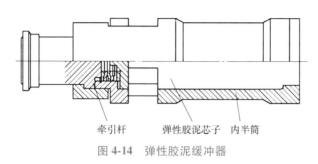

牵引杆　　弹性胶泥芯子　　内半筒

图 4-14　弹性胶泥缓冲器

3. 对中装置

如图 4-15 所示，在缓冲器的尾部下方左、右各设有一个对中气缸，它的活塞头部安装有一个水平轮，当气缸充气活塞向外伸出时，能自动嵌入固定在球铰座下方的一块呈桃子形的凸轮板左、右的两个缺口内，从而达到车钩自动对中的目的，也就是使车钩缓冲装置的中心线与车体中心线在一个垂直平面内，以便使一个车钩钩头对准对方车钩的钩坑。缓冲系统在结构上与安装吊挂系统和过载保护融为一体，承担车钩缓冲装置的弹性缓冲、水平对中、垂直支撑等功能。

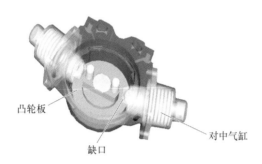

凸轮板

缺口

对中气缸

图 4-15　车钩对中装置示意图

4. 过载保护装置

过载保护装置用于列车在超速连挂或者受到强烈冲击时，使车钩脱离车体安装板向后回退，以使车体上的防爬器能够相互咬合。

当车钩缓冲装置受到的压缩载荷达到过载保护装置额定触发力时，装置上的收缩套将发生收缩变形，外径小于安装孔，因此车钩冲击板的过载保护螺栓最终将滑出安装孔，冲击板与车体安装板脱离，车钩在压缩力的作用下可以向后运动，过载保护装置安装示意图和收缩套结构示意图如图 4-16 所示。

二、车钩调试注意事项

车钩调试注意事项如下：

1）在车钩转动范围内左右摆动车钩，检查接地电缆和空气软管的长度，保证摆动车钩到任何位置都能满足长度要求，并多留一小段长度。

2）测试空气连接管路，保证密封可靠无泄漏（使用肥皂水）。

3）拉动半自动车钩解钩手柄，检查解钩功能是否正常。从车钩的前部可以看到连挂装置的运动。连挂装置能够自由转动，无卡滞和松动现象。

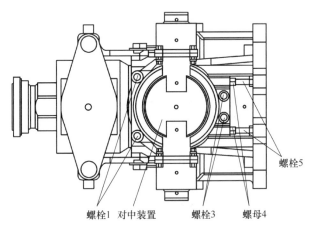

过载保护螺栓

钩缓装置安装座

收缩套

冲击板

钩缓装置安装螺栓

车体安装板

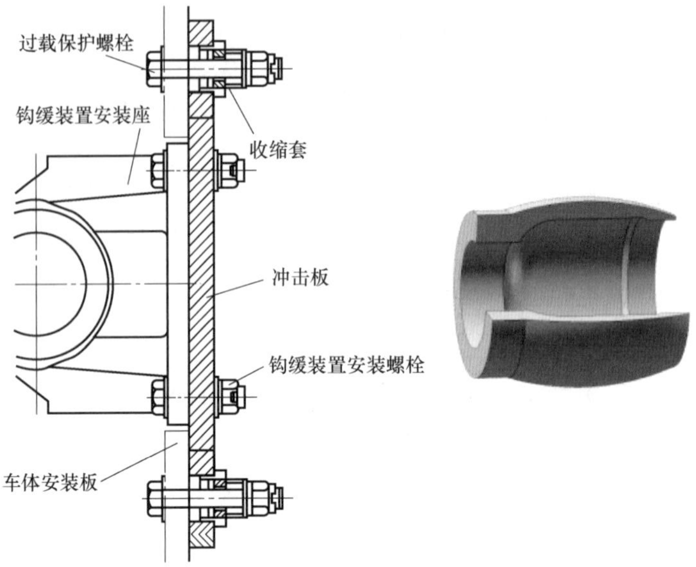

图 4-16　过载保护装置安装示意图和收缩套结构示意图

4）使用水平仪检验半自动车钩的垂直位置。

5）检验对中装置，将车钩向左或向右推出，车钩能复原。

6）目视检查车钩中心线应与车体的中心线一致。

三、水平对中操作步骤

测量车钩中心线水平方向偏转角，如果车钩自然对中情况下中心线偏移车体中心线大于±15mm，则需按下述方法调节对中，直至达到要求为止。松动图 4-17 所示的螺栓 1 和 3，松动螺母 4。转动螺栓 5 调整车钩水平对中装置，使车钩与车体中心线保持一致。然后，拧紧螺栓 1 和 3，拧紧螺母 4。

螺栓5

螺栓1　对中装置　螺栓3　螺母4

图 4-17　车钩的水平对中结构

四、垂直对中操作

检查位置，测量车钩垂向高度，如果车钩钩头下垂，松动图 4-18 所示的螺母，以相同的圈数顺时针方向拧紧螺栓 3，直至车钩达到垂直对中要求，重新拧紧螺母。如果车钩钩头上翘，松动螺母。以相同的圈数逆时针方向松动螺栓，直至车钩达到垂直对中要求，以（350±20）N·m 力矩重新拧紧螺母。

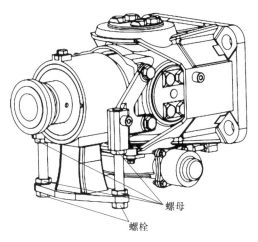

螺母

螺栓

图 4-18　车钩的垂直对中结构

【收集信息】

1. 我们的学习任务是什么?

_____

_____

_____

2. 为顺利完成本任务,请大家认真完成以下信息收集:

1)密接式车钩的水平对中装置和垂直对中装置位于_____,标出下图中各部件的名称。

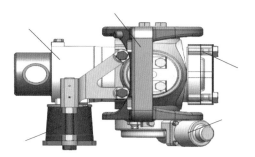

2)对于车钩上翘或者下垂,需要操作_____,对于车钩左右偏移需要操作_____。

3)车钩高度测量需要用到的工具名称为_____。

4)车钩标准高度是_____。

5)请思考一下车钩对中前需要注意什么?

_____

【制订计划】

一、场地、设备、工具和材料准备

场地、设备、工具和材料的准备见表4-4。

表 4-4　场地、设备、工具和材料统计表

序号	类别	名称	数量
1	场地	轨道综合实训室	
2	设备	密接式车钩	1 对
3	工具和材料	水平仪	2 副
		手套	2 副
		扭力扳手	2 个
		记号笔	2 个
		眼罩	2 副
		肥皂水	若干
		安全帽	4 个
		钩高尺	1 个

二、小组人员分工（表 4-5）

表 4-5　车钩对中任务人员分配表

任务名称				日期	
班组名称		组长		监督员	
操作员		观察员		展示员	
注意事项					

三、车钩对中与调高任务计划

1. 操作前安全检查内容有哪些?

_____

_____

2. 调整垂直对中步骤:

_____

_____

3. 调整水平对中步骤:

_____

_____

4. 测量车钩中心线高度步骤:

_____

_____

5. 质量检查:

_____

_____

【实施计划】

请结合本小组制订的作业计划，对车钩进行对中操作，并完成下列内容的填写。

1. 本小组操作的是（全自动\半自动\半永久）车钩。

2. 垂直对中操作注意事项：

1）检查位置，测量车钩_____高度。

2）如果车钩钩头下垂，_____螺母，以相同圈数_____时针方向拧紧螺栓3，直至车钩达到垂直对中要求，重新_____螺母。如果车钩钩头上翘，_____螺母。以相同圈数_____时针方向松动螺栓，直至车钩达到垂直对中要求，以_____力矩重新拧紧螺母。

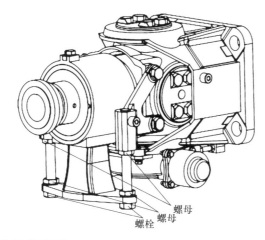

3. 水平对中操作注意事项：

1）测量车钩中心线水平方向偏转角，如果车钩自然对中情况下中心线偏移车体中心线大于_____则需按下述方法调节对中，直至达到要求为止。

2）_____螺栓1和3，_____螺母4。

3）_____螺栓5调整车钩水平对中装置，使车钩与_____保持一致。

4）_____螺栓1和3，_____螺母4。

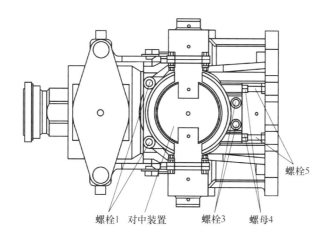

【检查与控制】

观察员对操作员的工作过程评分，具体评分细则见表4-6。

表4-6　车钩对中任务考核评分表

操作时间：50min

序号	考核项目	考核内容及要求（评分要点）	配分	评分标准	得分
1	检查前准备	确认车钩连挂正常 测试空气连接管路 确认工具齐全	20	车钩状态报告，5分 空气管路距离足够，5分 工具准备齐全，5分	
2	垂直对中	检查车钩状态 螺栓旋向正确 扭力调节是否为350N	30	检查错误扣5分 操作错误扣5分 操作错误扣5分	
3	水平对中	判断车钩角度 调整螺栓 确认螺栓紧固	30	报错扣5分，检查错误扣5分 操作错误扣5分 未划防松线扣5分	
4	工具和量具的使用	正确使用各种工具和量具 不得损坏工具和量具	10	工具、量具使用方法不正确，一次扣2分 损坏工具、量具，不得分	
5	安全保护	劳保用品穿戴齐全	5	劳保用品穿戴不全，扣3分	
		文明操作、工具摆放有序	5	乱摆、乱放工具、量具，扣2分	
	总分		100	得分	

观察员：　　　　　　　　　　操作员：　　　　　　　　　　时间：

 【评价反馈】

1. 自我评价

我做得好的地方	我还存在这些方面的问题
□ 动作准确	□ 动作不到位
□ 工具使用规范	□ 工具使用不规范
□ 安装步骤熟悉	□ 安装步骤不熟悉
□ 零件摆放整齐	□ 工具摆放不整齐
□ 操作用时合理	□ 操作用时过长
□ 工作态度端正	□ 工作态度不够端正

2. 小组评价

我们组做到了：□ 全员参与　□ 分工明确　□ 工作高效　□ 完成了工作任务

3. 教师评价

评价内容	评价指标	等级（星级评定）
1. 综合素养方面	1）态度是否积极，是否主动组织或参与活动 2）与小组同学合作是否良好 3）活动是否认真、善始善终 4）是否勇于克服困难	

（续）

评价内容	评价指标	等级（星级评定）
2. 知识技能方面	1）查阅资料技能 2）实地观察记录能力 3）调查研究能力 4）整理材料能力	

【知识巩固】

一、选择题

1. 下列哪项不是垂直对中的调整现象（ ）。

A. 车钩下垂　　　　B. 车钩上翘　　　　C. 车钩偏离中心线

2. 车钩中心线高度的标准值为（ ）。

A. 660mm　　　　B. 680mm　　　　C. 690mm

3. 车钩自然对中情况下中心线偏移车体中心线大于（ ）则需要调节对中。

A. ±15mm　　　　B. 680mm　　　　C. 690mm

4. 车钩高度指的是车钩与（ ）的距离。

A. 地面　　　　B. 轨面　　　　C. 车底

二、判断题

1. 车钩缓冲器与车钩对中装置是安装在一起的。　　　　　　　　（ 　 ）

2. 测量车钩高度的工具叫做车钩高度尺。　　　　　　　　　　　（ 　 ）

3. 车钩对中操作时不需要在意风管连接器的状态。　　　　　　　（ 　 ）

4. 车钩对中螺母操作完成后不需要划防松标志。　　　　　　　　（ 　 ）

任务三 贯通道的拆装与维护

【任务描述】

某地铁公司车辆运行一段时间后，机械班组接到对某车辆的维修任务，其中需要对贯通道进行拆装维护，现就该任务展开实施。

【学习目标】

目标名称	目标内容
知识目标	能叙述贯通道各部位名称
	能叙述贯通道各部位作用
	能掌握贯通道的结构
技能目标	能够准确选取操作工具、耗材
	能与他人进行有效的沟通、合作，完成贯通道各部位安装、拆卸及维护操作
	能够进行质量检查，进行自检互检
	能按 6S 管理规定进行作业

【知识准备】

一、贯通道的组成

贯通道位于两节车厢连接处，是连接两节车厢通道的重要组成部分，由波纹折棚、紧固框架、连接框架、滑动支架、渡板（1）、渡板（2）、内侧板、单层顶板、顶板等部件组成，如图 4-19 所示。它具有良好的防雨、防风、防尘、隔音功能，保证乘客能随时、安全、方便地通过，同时可适应车体在任何转变及穿越路口时车厢之间产生的移动。

1. 波纹折棚

折棚由多折环状篷布缝制而成，每折环的下部设有 2 个排水孔。折棚体选用特制的阻燃、高强度、耐老化人造革制作，在

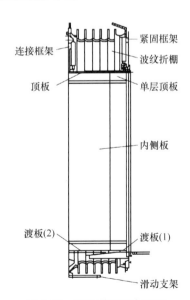

图 4-19 贯通道侧向断面图

连接框架　　紧固框架
顶板　　　　波纹折棚
　　　　　　单层顶板
　　　　　　内侧板
渡板(2)　　渡板(1)
　　　　　　滑动支架

$-45\sim100℃$ 范围内能够正常使用，抗拉强度 $\geq 3000N/cm^2$。棚布采用双层夹心结构，大大提高了风挡的隔音、隔热性能。折棚体各折缝合边用铝合金型材镶嵌，折棚体的一端连接在车体端部，另一端与连接座连接固定。

2. 紧固框架

紧固框架是由铝型材焊接而成，通过固定在框架上的螺钉将波浪式风挡牢固地与车辆端部连接，在该部件的上面还设有固定内墙板和内顶板的连接装置。

3. 连接框架

连接框架也是铝合金骨架焊接而成，与紧固框架外形相似，但其内部结构和实现的功能是不同的，如图 4-20 所示。

1）在框架的侧面和顶部设有两个定位孔和定位销，当连挂时，定位销插入对应框架的定位孔中而实现准确连挂。

2）在框架上设有四个锁钩和锁闭机构，连挂后用手工将锁钩插入对应锁闭机构中，实现风挡的惯性连接。

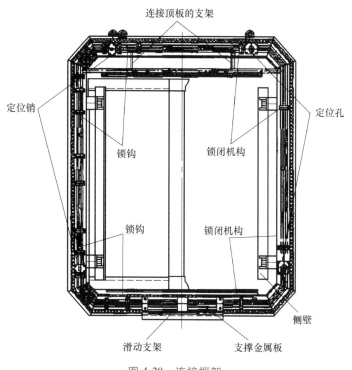

图 4-20 连接框架

4. 滑动支架

采用钢板焊接而成，落在车钩的贯通道支座上，实现支撑贯通道的功能，其上部与支撑金属板相连。

5. 侧护板

侧护板的通道表面为镶有凯德板的罩板，内有铝型材与弧面橡胶条镶嵌而成的边护板，可实现拉伸和压缩，护板内表面设有连杆支承机构，使护板有足够的刚度，旅客可倚靠护板；护板的两端与车体端部连接，可用专用钥匙快速打开、拆卸护板。侧护板采用三片式结构，易于活动。

6. 顶板

每个通道顶板由两个边护板和一个中间护板组成，顶板内侧设有连杆机构，使车辆运行时中间护板始终保持在中间位置，不会偏移，顶板通过边框用螺钉固定在车体端墙上。

7. 渡板

在紧固框架和连接框架侧各有一组渡板，在紧固框架一侧的渡板（1）靠托架支撑，而在连接框架一侧的渡板（2）一端通过安全支撑座与支撑金属板相连接，另一端支撑在渡板（1）上。渡板的结构如图4-21所示，渡板（1）由车厢侧相互铰接的固定连接板和活动连接板组成，渡板（2）由地板、活动地板和镶边组成。地板为不锈钢板，活动地板为花纹不锈钢板，各相对滑动面间设有磨耗板。渡板装置能够保证追随与适应连挂车辆运行过程中的各种复杂运动，具有足够的强度与刚度，能够确保乘客安全通过，并为站立的旅客提供安全地方，能承受 9 人/m² 的压力负荷，表面无凸起物及障碍物。

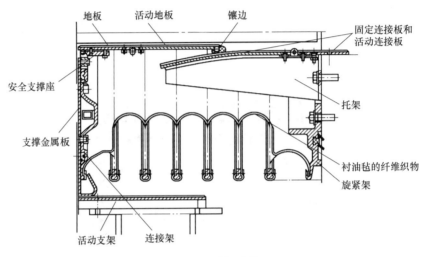

图 4-21　渡板结构

二、贯通道的拆装

拆装前确保车辆停放可靠。

1. 安装

安装前，在车端的连接平面上钻孔、攻螺纹，安装风挡及附件，为保证安装精度，使用钻孔样板。然后检查如下安装点位置及尺寸：安装框安装螺孔尺寸正常；踏板座安装螺孔尺寸正常。检查螺孔深度、相对位置尺寸符合实际安装要求。

（1）安装框的安装　用叉车或吊车将风挡安装框（注意垫软布，避免划伤风挡喷塑面）折棚抬起，将安装框安装孔位置对准车体端面螺孔，用 30 个 M6×25 十字槽不锈钢沉头螺钉，从安装框内穿出外框，旋入安装孔，旋入时涂螺纹锁固胶，先固定四角，然后依次安装锁固，用扳手扭紧。在安装框与车体接触内外两侧涂密封胶各一圈。

（2）风挡的安装　将两车体端面距离调整至 520mm，然后用布带将风挡折棚捆好、再用吊车吊起，使风挡上的端框嵌入安装框槽内旋转，扳动安装框上的 13 个锁闭手柄，将风挡折棚锁在安装框内。

（3）踏板总成的安装　用 18 个 M6×30 螺钉和 12 个 M6×25 内六角螺钉将踏板总成连接到车体两端。

2. 拆卸

拆卸顺序：侧护板→顶板→渡板→渡板连杆→解编折棚。拆卸侧护板时，只需要拧动手柄，然后通过下部旋转支点，使侧护板成倾斜状，最后将侧护板完全拆卸。

三、贯通道的维护

贯通道作为地铁车辆上的一个重要部件，连接相邻两车厢，是车辆上灵活可动的部分，能提供给乘客一个安全舒适的通道。鉴于贯通道与乘客直接接触，它的安全性、可靠性非常重要，日常清扫擦洗维护必不可少，而且还要进行周期性的维护。各项检修内容如果出现则可按照要求校核修复及清理，如果需要更换部件或无法处理则需要联系厂家。

1. 检修规程介绍

（1）每 2 周检修

1）检查方法：目测。

2）检查内容：篷布是否漏水或外部是否有破损；踏板组件之间是否有异物或扭曲变形等；侧护板、棚板组件是否有异常响动、变形及外力破坏等；安装框压板是否有松动；各安装紧固件是否有松动或脱落等。

（2）每 3 个月的检修

1）检查方法：目测或用卷尺、卡尺测量。

2）检修内容：包含 2 周检的所有内容；踏板磨耗条是否有磨损；踏板连杆机构是否有噪声，必要时加注润滑油。

（3）每 1 年的检修

1）检查方法：对每个组件进行检查测量和目测，必要时进行拆卸。

2）检修内容：包含三月检的所有内容；端墙安装框密封条是否有渗漏；检查磨耗件磨损情况；金属部件是否有腐蚀、变形等缺陷。

（4）每 4 年的检修

1）检查方法：对每个组件进行检查测量和目测，进行拆卸检查；鉴别易耗件、非金属件磨损情况。

2）检修内容：针对每一个部件进行详细检查，必要时分解检查；鉴别易耗件、非金属件磨损情况，如果磨损量达到使用极限，则予以更换；对有损坏的棚布表面可进行贴补修理；确定所有紧固件（特别是与车体的连接件）是否松动或磨损；松动脱落的，安装前要涂螺纹紧固胶；确认所有连杆装置、型材及零件是否有变形、损坏，如果有则拆下校核、修正、复原，若无法修复并影响使用则予以更换；检修内容涵盖以上季检、年检各项所有内容。

（5）每 7.5 年的大修

1）检查方法：对每个组件进行检查测量和目测，进行拆卸检查；拆解易耗件、非金属件予以更换。

2）检修内容：包含四年修的所有内容，非金属件按照设计要求必须予以更换。

（6）每 15 年的厂修

1）检查方法：对每个组件进行检查测量和目测，进行拆卸检查；拆解易耗件、非金属件予以更换。

2）检修内容：包含四年修的所有内容，非金属件按照设计要求必须予以更换，篷布组件在此检修周期必须予以更换。

2. 贯通道常见故障分析

常见的贯通道故障现象主要有贯通道两端墙侧渗水，侧护板上下端角有缝隙、间隙不均匀，渡板脱解或有间隙，棚板倾斜或变形等。引起这些故障的主要原因有端墙框与端墙密封不严、端墙框压板没压紧、安装框密封条时间久老化、连杆装置缝隙大、渡板与连杆销轴未安装到位、渡板锁弹簧失效、安装座螺钉松动脱落以及棚板连杆装置磨耗条失效或连杆变形。出现这些问题后，以拆卸重新安装为主要操作方法，对于密封不严的要补涂密封胶，拆卸后的元件要进行校核，磨耗件则需要更换。

【收集信息】

1. 我们的学习任务是什么？

_____

_____

_____

2. 为顺利完成本任务，请大家认真完成以下信息收集：

1）所有安装紧固件安装前涂_____。

2）安装前_____（是、否）需要大致测量贯通道端墙装饰完工的长、宽、高尺寸，对角线尺寸及平整度。

3）安装过程中_____（是、否）可以存在任何磕、碰、划伤产品表面的操作。

4）识别下图中的元件。

（　　　　　）　（　　　　　　）　（　　　　　　）

5）标记下图中各部位的名称。

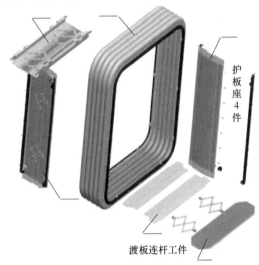

护板座4件

渡板连杆工件

3. 贯通道检查周期有2周、_____、一年_____、7.5年和15年等。

4. 检查时要着重查看金属部件是否有_____、_____等缺陷，要鉴别易耗件、非金属件磨损情况。

5. 有松动脱落部件的，安装前涂_____。

6. 踏板连杆机构是否有噪声，必要时注_____。

7. 每一个高级的修程都_____（包含/不包含）上一级修程的内容。

【制订计划】

一、场地、设备、工具和材料准备

场地、设备、工具和材料准备见表4-7。

表 4-7　场地、设备、工具和材料统计表

序号	类别	名称	数量
1	场地	轨道综合实训室	
2	设备	带贯通道车体	1辆
3	工具和材料	手套	2副
		内六角棘轮扳手	2个
		记号笔	2个
		螺纹紧固胶	若干2副
		十字头螺钉旋具	2个
		安全帽	4个
		卷尺	2把
		角尺	2把

二、小组人员分工（表4-8）

表 4-8　贯通道拆装任务人员分配表

任务名称				日期	
班组名称		组长		监督员	
操作员		观察员		展示员	
注意事项					

三、贯通道维护计划

1. 拆装

1）操作前需要确认什么？

_____

_____

2）拆卸步骤：

_____

_____

3）安装步骤：

_____

_____

_____

4）质量检查：

_____

_____

2. 维护
1）确认修程。

_____

_____

2）检查每一个部件。

_____

_____

3）鉴别易耗件、非金属件磨损情况。

_____

_____

4）确定所有紧固件（特别是与车体的连接件）是否松动或磨损。

_____

_____

5）确认所有连杆装置、型材及零件是否有变形、损坏。

_____

_____

6）质量检查：

_____

_____

_____

【实施计划】

请结合本小组制订的作业计划，对车辆贯通道进行拆卸和安装，并完成下列内容的填写。

1. 确保车辆_____（是、否）停放可靠。

2. 安装前，_____（是、否）在车端的连接平面上钻孔、攻螺纹，安装风挡及附件，为保证安装精度，_____（是、否）使用钻孔样板。

3. 安装前检查如下安装点位置及尺寸：

1）安装框安装螺孔尺寸_____（是、否）正常。

2）踏板座安装螺孔尺寸_____（是、否）正常。

4. 检查螺孔深度、相对位置尺寸_____（是、否）符合实际安装要求。

5. 安装框组成的安装：

用叉车或吊车将风挡安装框（注意垫软布，避免划伤风挡喷塑面）折棚抬起，将安装框安装孔位置对准车体端面螺孔，用 30 个 M6×25 十字槽不锈钢_____（沉头螺钉、内六角螺钉），从安装框内穿出外框，旋入安装孔，旋入时涂_____（螺纹锁固胶、密封胶），先固定四角，然后依次安装锁固，用扳手扭紧。在安装框与车体接触内外两侧涂_____（螺纹锁固胶、密封胶）各一圈。

6. 风挡组成的安装。

将两车体端面距离调整至 520mm，然后用布带将风挡折棚捆好、再用吊车吊起，使风挡上的端框嵌入安装框槽内旋转，扳动安装框上的 13 个锁闭手柄，将风挡折棚锁在安装框内。

7. 安装踏板总成。

用 18 个 M6×30 螺钉和 12 个 M6×25 _____ （沉头螺钉、内六角螺钉）将踏板总成连接到车体两端。

8. 拆卸顺序：

侧护板→顶板→渡板→渡板连杆→解编折棚。拆卸侧护板时，只需要拧动手柄，然后通过下部旋转支点，使侧护板成倾斜状，最后将侧护板完全拆卸。

9. 篷布 _____ （是/否）漏水或外部 _____ （是/否）有破坏。

10. 针对每一个部件进行详细检查，必要时 _____ 检查。

11. 鉴别易耗件、非金属件磨损情况，如果磨损量达到使用极限，则 _____ 。

12. 对有损坏的篷布表面可进行 _____ 修理。

13. 确定所有紧固件（特别是与车体的连接件）是否 _____ 或 _____ ；松动脱落的安装前涂螺纹紧固胶。

14. 确认所有连杆装置、型材及零件是否有 _____ 、损坏，如果有则拆下 _____ ，若无法修复并影响使用则予以更换。

15. 检修内容涵盖以上季检、年检各项所有内容。

【检查与控制】

观察员对操作员的工作过程评分，具体评分细则见表4-9。

表 4-9　贯通道安装与拆卸考核评分表

操作时间：60min

序号	考核项目	考核内容及要求（评分要点）	配分	评分标准	得分
1	检查前准备	确认车辆状态 核对产品数量 确认工具齐全	20	车辆状态报告，5分 产品数量足够，5分 工具准备齐全，5分	
2	安装框组成安装	螺栓选择 螺栓紧固 连接处紧固	30	选择错误扣5分 操作错误扣5分 操作错误扣5分	
3	风挡安装和踏板安装	判断车体端面距离 操作锁闭手柄 确认螺栓数量和种类	20	报错扣5分，检查错误扣5分 操作错误扣5分 选择错误扣5分	
4	拆卸	顺序正确	10	顺序错误扣10分	
5	工具和量具的使用	正确使用各种工具和量具，不得损坏工具和量具	10	工具、量具使用方法不正确，一次扣2分 损坏工具、量具，不得分	
6	安全保护	劳保用品穿戴齐全	5	劳保用品穿戴不全，扣3分	
		文明操作、工具摆放有序	5	乱摆、乱放工具、量具，扣2分	
总分			100	得分	

观察员：　　　　　　操作员：　　　　　　时间：

课堂笔记

【评价反馈】

1. 自我评价

我做得好的地方	我还存在这些方面的问题
□ 动作准确	□ 动作不到位
□ 工具使用规范	□ 工具使用不规范
□ 安装步骤熟悉	□ 安装步骤不熟悉
□ 零件摆放整齐	□ 工具摆放不整齐
□ 操作用时合理	□ 操作用时过长
□ 工作态度端正	□ 工作态度不够端正

2. 小组评价

我们组做到了：□ 全员参与　　□ 分工明确　　□ 工作高效　　□ 完成了工作任务

3. 教师评价

评价内容	评价指标	等级（星级评定）
1. 综合素养方面	1）态度是否积极，是否主动组织或参与活动 2）与小组同学合作是否良好 3）活动是否认真、善始善终 4）是否勇于克服困难	
2. 知识技能方面	1）查阅资料技能 2）实地观察记录能力 3）调查研究能力 4）整理材料能力	

【知识巩固】

一、选择题

1. 踏板安装使用（　　）。

A. 内六角螺钉　　　　B. 沉头螺钉　　　　C. 十字螺钉

2. 安装框安装使用（　　）。

A. 内六角螺钉　　　　B. 沉头螺钉　　　　C. 十字螺钉

3. 所有安装紧固件，安装前涂（　　）。

A. 螺纹紧固胶　　　　B. 密封胶　　　　C. 免钉胶

4. 侧护板采用（　　）结构。

A. 两片式　　　　B. 三片式　　　　C. 活动式

5. 金属部件是否有腐蚀、变形等缺陷应（　　）。

A. 更换　　　　B. 修复　　　　C. 丢弃

6. 有松动脱落部件的，安装前涂（　　）。

A. 螺纹紧固胶　　　　B. 密封胶　　　　C. 润滑剂

7. 贯通道维护的最短周期是（　　）。

A. 一天　　　　B. 一周　　　　C. 两周

二、判断题

1. 拆卸时没有顺序要求。 （ ）

2. 安装前要检查设备数量。 （ ）

3. 贯通道是车端连接的装置。 （ ）

4. 安装设备有轻微划痕没有关系。 （ ）

5. 确认所有连杆装置、型材及零件是否有变形、损坏，如果有则拆下校核、修正、复原。 （ ）

6. 对有损坏的篷布表面可进行贴补修理。 （ ）

7. 每一个高级的修程都不包含上一级修程的内容。 （ ）

—— 延 伸 阅 读 ——

李万君，中车长春轨道客车股份有限公司高级技师，"技能报国"是他终生夙愿，"大国工匠"是他至尊荣光。他从一名普通焊工成长为中国高铁焊接专家，是"中国第一代高铁工人"中的杰出代表，是高铁战线的"杰出工匠"，被誉为"工人院士""高铁焊接大师"。如何在外国对中国高铁技术封锁面前实现"技术突围"，他凭着一股不服输的钻劲儿、韧劲儿，积极参与填补国内空白的几十种高速车、铁路客车、城铁车转向架焊接规范及操作方法，先后进行技术攻关 100 余项，其中 37 项获国家专利，"氩弧半自动管管焊操作法"填补了中国氩弧焊焊接转向架环口的空白。他研究探索出的"环口焊接七步操作法"成为公司技术标准。依托"李万君大师工作室"，培养带动出一批技能精湛、职业操守优良的技能人才，为打造"大国工匠"储备了坚实的新生力量。

【学而思】

1. 请你搜集几个与刻苦钻研有关的故事跟同学们分享一下。

2. 结合本项目的学习，谈谈你在今后的工作中将如何做到刻苦钻研？

项目五
城市轨道交通车辆受电弓认知与维护

受电弓是轨道车辆从接触网取得电能的电气设备，是确保车辆动力来源的核心部件。通常全列车共设置两个（部分新车型是四个）受电弓，列车正常运行时升双弓运行。两个受电弓分别给本单元的牵引系统供电，并通过辅助高压母线同时向整车辅助逆变器供电。因此，受电弓的检修是车辆技术人员日常的一项重要工作，主要包括受电弓机械部件、控制电路、控制气路等部分的检修。本项目的学习任务有：

任务一　受电弓的机械部件检修
任务二　受电弓的控制与调试

任务一 受电弓的机械部件检修

【任务描述】

某地铁公司某车辆段均衡修 1 班根据检修计划，接到车辆受电弓机械部件检修任务。通过本任务的学习，完成受电弓机械部件的检修。

【学习目标】

目标名称	目标内容
知识目标	能叙述受电弓各部件的名称
	能够识别受电弓各部件
	能正确理解受电弓各部件的作用
技能目标	能够正确指出各部件的位置
	能与他人进行有效的沟通、合作，完成受电弓的检查
	能按 6S 管理规定进行作业

【知识准备】

一、受电弓的类型

受电弓根据动作原理不同，主要分为气囊式和气缸式两种，如图 5-1 所示。

a) 气囊式受电弓　　　b) 气缸式受电弓

图 5-1　受电弓

二、受电弓的结构

受电弓主要由底架、阻尼器、升弓装置、下臂杆、上框架、平衡杆和拉杆等组成，如图5-2所示。升弓装置（气囊）安装在底架上，气囊充气后，通过钢丝绳作用于下臂杆，带动拉杆运动，从而实现升弓。供给气囊的气路断气后，受电弓靠自身自重实现降弓。

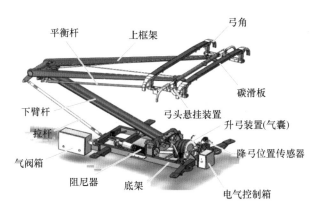

图5-2　受电弓的组成

三、受电弓外观检查及维护

1. 作业要求

1）作业过程中准确记录每一步的检查结果。

2）设备缺陷情况需详细描述。

3）检查过程中需要同时进行紧固件的检查。

2. 作业内容

检查弓头组成，测量碳滑板厚度，测量弓角间隙，检查导流线、气囊、钢丝绳、阻尼器、底架、下臂杆、上框架、拉杆、平衡杆、气阀箱及气路软管、电气控制箱及降弓位置传感器、绝缘子和避雷器等。

3. 作业标准

每个检查项目的作业标准都要严格按照受电弓机械部件检修技术规程完成，下面以检查弓头组成和测量碳滑板厚度2个检查项目为例进行介绍。

（1）检查弓头组成

工具与耗材：洗洁精、水和无纺布。

1）外观良好，无磕碰划伤、裂纹或缺失，表面无污渍。如有污渍或异物，需要清理干净。

2）碳滑板碳层和铝托板之间无间隙。

3）用手摇动碳滑板，碳条应与铝托板连接牢靠。

4）弓头组件与上框架顶管之间的连接无松动。

（2）测量碳滑板厚度

工具与耗材：钢直尺

1）碳滑板厚度。碳滑板厚度指滑板接触面与铝托板上表面的垂直距离，如图5-3所示。

2）碳滑板厚度测量方法。以图5-3所示红色为基准线，分别测量两条碳滑板中间及两侧的厚度（工作区）来计算平均值，然后记录平均值，图5-3所示测量碳滑板厚度为 17.0mm（注意：测量值精确到 0.5mm，平均值精确到小数点后一位，碳滑板厚度以实际设备测量值为准）。

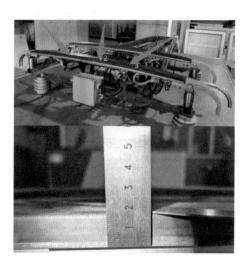

图 5-3 碳滑板厚度的测量

其他检查项目的作业标准，请查阅受电弓机械部件检修技术规程。

四、受电弓机械部件的紧固状态检查与维修

1. 作业要求

1）检查紧固件是否松动，如松动，需准确记录。

2）检查防松标记是否规范，如不规范，须准确记录。

3）扭力扳手在使用前需调整至受电弓机械部件检修技术规程规定的力矩值。

2. 作业内容

工具与耗材：油漆笔、清洗剂、无纺布、扳手、套筒和扭力扳手。

检查弓头组成紧固件、碳滑板紧固件、导流线紧固件、气囊紧固件、钢丝绳紧固件、阻尼器紧固件、下臂杆紧固件、拉杆紧固件、平衡杆紧固件、气阀箱及受电弓管路紧固件、电气控制箱紧固件、绝缘子紧固件和避雷器紧固件等。

3. 防松标记涂打标准

每个紧固件紧固后，立即用标记笔划好防松标记，该防松标记起到易于观察紧固件是否产生松动的作用，并表明该紧固件已经按照要求紧固，以便和未做紧固的紧固件区分开，避免紧固件在安装时存在漏紧的现象。防松标记的颜色应与紧固件本身和被连接件的颜色有明显对比，如需进行第二次涂打，必须先把第一次涂打的标记清理干净。

应根据紧固件和被连接件的大小规格来划防松标记，对于划防松标记处的外径小于 ϕ10mm 的防松标记，宽度 W 应为 1.5~3mm，对于划防松标记处的外径大于 ϕ10mm 的防松标记，宽度 W 应为 2.5~4mm。

带有螺母的紧固结构在进行防松标记涂打时，需涂打在螺母所在的一端，防松标记长度 H_2 需一直延伸到螺母外露螺柱上 3~6mm（如螺母外露螺柱长度不足 3mm，则对该螺柱长度进行涂打，螺柱端面不需要涂打），划在被连接件表面上的长度 H_1 应为 3~6mm，如图 5-4 所示。

螺钉组成的紧固件防松标记应垂直划在螺钉和被连接件上面。防松标记划在螺钉端面的长度 H_1 应为 3~6mm，划在被连接件表面上的长度 H_2 应为 3~6mm。

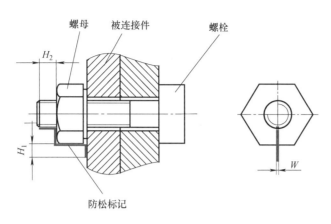

图 5-4　螺母端面防松标记

当两个紧固件外缘之间的距离小于 3mm 时，H_2 可以等于这两个紧固件外缘之间的距离。当螺钉端面外形尺寸小于 3mm 时，H_1 可以等于螺钉端面外形尺寸，如图 5-5 所示。

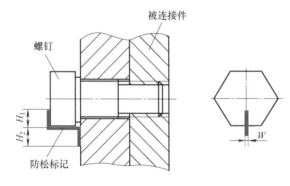

图 5-5　螺钉端面防松标记

【收集信息】

1. 我们的学习任务是什么？

_____

_____

_____

2. 为顺利完成本任务，请大家认真完成以下信息收集：

1）城市轨道交通车辆用的受电弓有_____和_____两种。

2）写出图中受电弓的结构名称。

（　　　　　）　　（　　　　　）　　（　　　　　）

3）写出下图中受电弓弓头的结构名称。

4）请思考一下受电弓检修作业前需要注意什么?

【制订计划】

一、场地、设备、工具和材料准备

场地、设备、工具和材料准备见表5-1。

表5-1　场地、设备、工具和材料统计表

序号	类别	名称	数量
1	场地	轨道综合实训室	
2	设备	单臂气囊式受电弓	1 副
3	工具和材料	一字螺钉旋具	1 套
		手电筒	2 把
		游标卡尺	1 把
		记号笔	2 个
		秒表	1 个
		棘轮套筒扳手	1 套
		专用清洗剂	按需
		四角钥匙	2 把
		十字螺钉旋具	1 套
		内六角扳手	2 套
		安全带	2 根
		弹簧秤	1 把
		电气设备清洗剂	按需 DQ-50
		软布、擦拭纸	按需
		导电膏	按需

二、小组人员分工（表5-2）

表5-2 受电弓机械部件检修人员分配表

任务名称				日期	
班组名称		组长		监督员	
操作员		观察员		展示员	
注意事项					

【实施计划】

具体实施计划详见表5-3。

表5-3 受电弓部件的检查和维护

受电弓部件的检查和维护记录单

检修人员：

填写说明：

1. 检查结果为测量值时，需填写准确的数值

2. 检查结果为非测量值时，若无缺陷情况，则填写"正常"

3. 有缺陷情况时，填写缺陷描述，必要时可以在"补充说明"中详细描述

序号	检查项		检查结果（含缺陷描述）
1		碳滑板	
2		弓角	
3		气囊	
4	受电弓部件 外观检查及维护	导流线	
5		钢丝绳	
6		阻尼器	
7		气路软管	
8		绝缘子	

（续）

受电弓部件的检查和维护记录单			
序号	检查项		检查结果（含缺陷描述）
9	受电弓部件外观的检查及维护	上框架	
10		拉杆	
11		下臂杆	
12		平衡杆	
13		底架	
14	受电弓、安装板、绝缘子安装紧固件的检查与维修	碳滑板安装紧固件	
15		弓头安装紧固件	
16		绝缘子安装紧固件	
17	受电弓绝缘子清洗		
18	碳滑板的更换		是否更换： 力矩：
19	碳滑板的测量		1 2
20	弓角间隙测量		1 2 3 4

受电弓的外观检查及维护记录补充说明（必要时填写）：

 【检查与控制】

观察员对操作员的工作过程评分，具体评分细则见表 5-4。

表 5-4 受电弓机械部件检查评分表

序号	检验项目		评分准则
1	受电弓部件外观检查（35分）	弓头及滑板	未做到，扣5分 正确填写表单（确认设备有无受损、裂纹、缺失、变形）
2		上框架	未做到，扣5分 正确填写表单（确认设备有无受损、裂纹、缺失、变形）
3		拉杆	未做到，扣5分 正确填写表单（确认设备有无受损、裂纹、缺失、变形）
4		下臂杆	未做到，扣5分 正确填写表单（确认设备有无受损、裂纹、缺失、变形）
5		平衡杆	未做到，扣5分 正确填写表单（确认设备有无受损、裂纹、缺失、变形）
6		底架	未做到，扣5分 正确填写表单（确认设备有无受损、裂纹、缺失、变形）
7		气囊	未做到，扣5分 正确填写表单（确认设备有无受损、裂纹、缺失、变形）
8	受电弓、安装板、绝缘子安装紧固件的检查和维护（30分）	受电弓安装紧固件外观检查	未做到以下任意一项，扣5分 1. 正确填写表单（确认受电弓螺栓防松线是否到位） 2. 如果受电弓螺栓防松线未到位，正确维护
9		安装板安装紧固件外观、安装工艺检查	未做到以下任意一项，扣5分 1. 正确填写表单（确认安装板螺栓防松线是否到位） 2. 如果安装板螺栓防松线未到位，正确维护
10		绝缘子安装紧固件	未做到以下任意一项，扣5分 1. 正确填写表单（确认绝缘子是否有污渍） 2. 如果绝缘子有污渍，正确维护
11	受电弓碳滑板的检查与测量（15分）		未做到以下任意一项，扣3分 1. 使用正确的量具进行测量 2. 添加正确的工业用剂 3. 使用正确的备件进行更换 4. 对螺栓使用正确的扭力 5. 更换完毕后，回收工具

（续）

序号	检验项目	评分准则
12	弓角间隙测量（10分）	未做到以下任意一项，扣5分 1. 使用正确的量具进行测量 2. 测量完毕后，回收量具
13	受电弓绝缘子清洗（10分）	未做到以下任意一项，扣5分 1. 使用正确的洗洁精 2. 清洁完毕后，回收工具

观察员：　　　　　　　操作员：　　　　　　　　　　　时间：

【评价反馈】

1. 自我评价

我做得好的地方	我还存在这些方面的问题
□ 动作准确	□ 动作不到位
□ 工具使用规范	□ 工具使用不规范
□ 检修步骤熟悉	□ 检修步骤不熟悉
□ 工具摆放整齐	□ 工具摆放不整齐
□ 操作用时合理	□ 操作用时过长
□ 工作态度端正	□ 工作态度不够端正

2. 小组评价
我们组做到了：□ 全员参与　□ 分工明确　□ 工作高效　□ 完成了工作任务

3. 教师评价

评价内容	评价指标	等级（星级评定）
1. 综合素养方面	1）态度是否积极，是否主动组织或参与活动 2）与小组同学合作是否良好 3）活动是否认真、善始善终 4）是否勇于克服困难	
2. 知识技能方面	1）查阅资料技能 2）实地观察记录能力 3）调查研究能力 4）整理材料能力	

【知识巩固】

一、选择题

1. 测量受电弓碳滑板厚度的工具是（　　　）。

A. 游标卡尺　　　　B. 第四种检查器　　　C. 钢直尺

2. 最后涂抹在碳滑板上的物质为（　　　）。

A. 润滑剂　　　　　B. 导电膏　　　　　　C. 清洁剂

课堂笔记

3. 受电弓上导流线断股不超过（　　　）。

A. 5%　　　　　　　　B. 8%　　　　　　　　C. 10%

4. 受电弓的主要受力部位是（　　　）。

A. 下臂杆　　　　　　B. 下导杆　　　　　　C. 上框架

二、判断题

1. 所有受电弓都是气囊式。　　　　　　　　　　　　　　　　　（　　　）

2. 受电弓静态检查需要登高作业。　　　　　　　　　　　　　　（　　　）

3. 只有碳滑板磨耗到限才需要更换新的。　　　　　　　　　　　（　　　）

任务二　受电弓的控制与调试

【任务描述】

某地铁公司某车辆段检修班组根据检修计划，接到车辆受电弓电气功能测试与动作参数整定任务，根据本任务所学内容，完成上述任务。

【学习目标】

目标名称	目标内容
知识目标	能叙述受电弓升降弓过程
	知道气阀箱的组成
	知道气阀箱内节流阀和精密减压阀的作用
技能目标	能够正确调节升降弓时间
	能与他人进行有效的沟通、合作，完成受电弓电气功能测试
	能按 6S 管理规定进行作业

【知识准备】

一、受电弓工作原理

1. 电气传输原理

受电弓是车辆的受流部件，受电弓升起后与接触网接触，从接触网上集取电流，并将其传输到车辆电气系统。接触网的电流首先由滑板流入受电弓弓头，然后依次经过上臂杆、下臂杆后流入底架，在弓头到上臂杆、上臂杆到下臂杆、下臂杆到底架的连接处都用导流线短接，最后经过底架上的汇流板、车顶母线进入车辆电气系统。

2. 气路控制原理

受电弓气路控制原理图如图 5-6 所示，其中，气阀箱由空气滤清器、升弓节流阀、降弓节流阀、精密减压阀、安全阀和压力表组成。

（1）升弓原理　按下受电弓升弓按钮后，升弓电磁阀得电，向升弓控制箱提供压缩空气。压缩空气依次经过空气滤清器、升弓节流阀、精密减压阀和安全阀等后向受电弓的气囊升弓装置供风。压缩空气进入气囊后，气囊膨胀抬升，气囊带动钢丝绳拉拽下臂杆，使下臂杆转动，从而实现受电弓逐渐升起，直到受电弓弓头与网

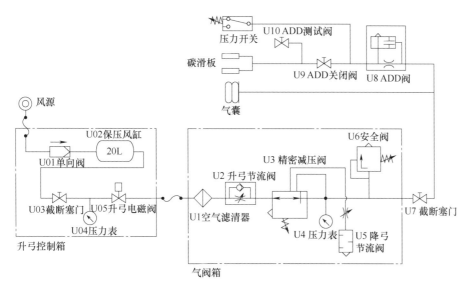

图 5-6　受电弓气路控制原理图

线接触并保持规定的静态接触压力。

（2）降弓原理　按下降弓按钮后，升弓电磁阀失电，向受电弓供应的压缩空气被切断。受电弓中的空气经过电磁阀的排气口排出。同时，气囊升弓装置中的压缩空气经原路返回，经减压阀上的降弓节流阀排向大气，受电弓靠自重下降，直到顶管降下并保持在底架的橡胶止挡上。

二、升降弓时间调整

为保障受电弓正常升降弓，避免受电弓在升降弓过程中对受电弓和接触网造成影响，要求受电弓升弓时间符合要求（升降弓时间：受电弓开始动作到动作结束时间）。如果时间不符合要求，则需要进行调整。

1. 升弓时间调整

若受电弓升弓过快，可能会造成恶性冲网，过慢则有可能导致拉弧现象，正常的受电弓升弓时间为 5~8s，若不符合此要求则需进行调整，调整方法如下：

如图 5-7 所示，调节升弓节流阀，可对升弓时间进行调整；当升弓时间大于 8s 时，可逆时针旋转升弓节流阀使升弓时间变短；当升弓时间小于 5s 时，顺时针旋转升弓节流阀使升弓时间变长。

注：升弓节流阀调节螺母内部设置有锁紧螺母，调整前需将其松开，调整结束后将其紧固。

2. 降弓时间调整

受电弓降弓时要求先快后慢，先快可以使受电弓迅速离开接触网，防止拉弧；后慢可以防止"砸顶"，正常的降弓时间 4~8s，若降弓时间不满足此时间要求，或者是不满足先快后慢的要求，则需进行调整，调整方法如下：

如图 5-8 所示，降弓节流阀和消音节流阀可对降弓时间进行调整；降弓过程分为快降和慢降两个阶段，分别由降弓节流阀（逆时针旋转使快降距离变小）和消音节流阀（逆时针旋转使慢降速度变大）控制。当降弓时间大于 8s 时，可顺时针旋转降弓节流阀增大快降距离（注：快降距离过小容易产生拉弧现象，快降距离过大容易对车顶产生冲击；快降距离应根据网线高度来适当调整），并辅以调节消音节流阀，使降弓时间变短，反之亦然。注：降弓节流阀和消音节流阀调节螺母内部均设置有锁紧螺母，调整前需将其松开，调整结束后锁紧螺母锁紧；调整时可用计数秒表验证调整时间。

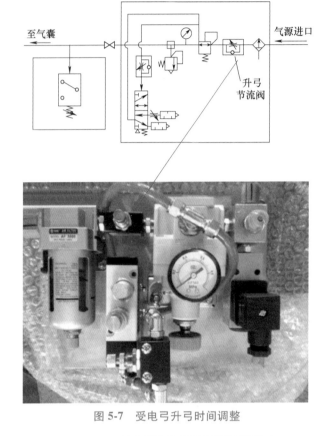

图 5-7　受电弓升弓时间调整

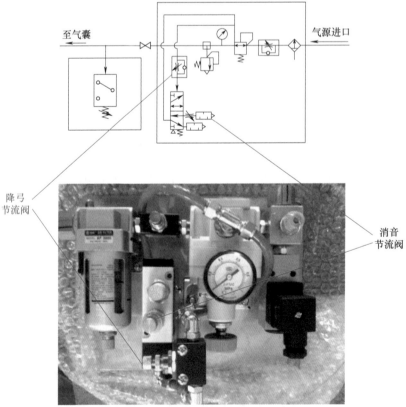

图 5-8　受电弓降弓时间调整

三、静态接触压力的调整

受电弓的标准静态接触压力为（100±10）N。受电弓在弓头滑板条更换后需要对受电弓的静态压力进行调整。

调整方法：如图 5-9 所示，如果测量所得的标准静态压力小于 90N，应先检查受电弓各转动部位是否灵活无卡滞，再将受电弓的气源控制箱打开，顺时针方向旋转精密减压阀的手轮，使空气压力增大，直至测量的静态压力满足上述要求；反之，静态压力过大，可逆时针旋转精密减压阀的手轮，使空气压力减小，直至测量的标准静态压力满足上述要求的压力值。

注：调整结束后请将精密减压阀手轮上的螺母锁紧，以防止在车辆运行过程中精密减压阀的压力发生变化后影响受电弓的标准静态接触压力值。

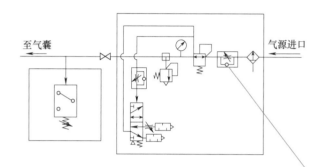

图 5-9 受电弓静态接触压力调整

【收集信息】

1. 我们的学习任务是什么？

_____

_____

_____

2. 为顺利完成本任务，请大家认真完成以下信息收集：

1）城市轨道交通车辆受电弓动作参数有_____和_____两种。

2）简述气阀箱的构成。

3）简述降弓节流阀和精密减压阀的作用及使用方法。

【制订计划】

一、场地、设备、工具和材料准备

场地、设备、工具和材料准备见表 5-5。

表 5-5　场地、设备、工具和材料统计表

序号	类别	名称	数量
1	场地	轨道综合实训室	
2	设备	单臂气囊式受电弓	1 副
3	工具和材料	一字螺钉旋具	1 套
		手电筒	2 把
		游标卡尺	1 把
		记号笔	2 个
		秒表	1 个
		棘轮套筒扳手	1 套
		专用清洗剂	按需
		四角钥匙	2 把
		十字螺钉旋具	1 套
		内六角扳手	2 套
		安全带	2 根
		弹簧秤	1 把
		电气设备清洗剂	按需（DQ-50）
		软布、擦拭纸	按需
		导电膏	按需

二、小组人员分工（表 5-6）

表 5-6　受电弓电气功能测试及动作参数整定人员分配表

任务名称			日期	
班组名称		组长	监督员	
操作员		观察员	展示员	
注意事项				

【实施计划】

具体实施计划详见表 5-7。

表 5-7 受电弓电气功能测试和调试记录单

受电弓电气功能测试和调试记录单			
测试人员：			
填写说明： 1. 测试与调节结果根据表格内的要求来填写 2. 结果描述正常情况可填写"正常"，必要时根据实际现象填写			
序号	测试项目		测试与调节结果
1	试验前准备	电气开关的初始化	（填写具体设备的代号及操作状态）
2		基本升、降功能	
3	升弓测试	升弓参数整定	升弓时间： 结果描述：
4	降弓测试	降弓参数整定	降弓时间： 结果描述：
5	受电弓静态接触压力测量		下拉距离： 标准压力值： 测试压力值： 结果描述：
6	受电弓控制逻辑测试	基本升弓控制逻辑测试	（简单填写测试现象）
7		基本降弓控制逻辑测试	（简单填写测试现象）
8		"受电弓控制"断路	（简单填写测试现象）
9		"紧急停车"逻辑功能测试	（简单填写测试现象）
10		"司机室占用"逻辑功能测试	（简单填写测试现象）
11		"本弓隔离"逻辑功能测试	（简单填写测试现象）

【检查与控制】

观察员对操作员的工作过程评分，具体评分细则见表 5-8。

课堂笔记

表 5-8　受电弓功能测试评分表

序号	测试项目		评分准则
1	试验前准备 （10 分）	电气开关的初始化	未做到以下任意一项，扣 5 分 1. 电气柜内开关处于复位状态 2. 闭合主控钥匙
2	升弓测试 （10 分）	基本升、降功能	未做到以下任意一项，扣 2.5 分 1. 测试操作正确 2. 测试现象及表单填写正确
3		升弓测试与调节	升弓时间： 结果描述： 未做到以下任意一项，扣 2.5 分 1. 测试现象及表单填写正确 2. 升弓时间在 6~8s 范围内
4	降弓测试 （10 分）	降弓测试与调节	降弓时间： 结果描述： 未做到以下任意一项，扣 5 分 1. 测试现象及表单填写正确 2. 降弓时间在 5~7s 范围内
5	受电弓静态 接触压力测量 （10 分）		下拉距离： 标准压力值： 测试压力值： 结果描述： 未做到以下任意一项，扣 5 分 1. 测试操作正确 2. 测试现象及表单填写正确
6	受电弓控制 逻辑测试 （60 分）	基本升弓控制逻辑测试	未做到以下任意一项，扣 5 分 1. 测试操作正确 2. 测试现象及表单填写正确
7		基本降弓控制逻辑测试	未做到以下任意一项，扣 5 分 1. 测试操作正确 2. 测试现象及表单填写正确
8		"受电弓控制"断路器	未做到以下任意一项，扣 5 分 1. 测试操作正确 2. 测试现象及表单填写正确
9		"紧急停车"逻辑功能测试	未做到以下任意一项，扣 5 分 1. 测试操作正确 2. 测试现象及表单填写正确
10		"司机室占用"逻辑测试	未做到以下任意一项，扣 5 分 1. 测试操作正确 2. 测试现象及表单填写正确
11		"本弓隔离"逻辑功能测试	未做到以下任意一项，扣 5 分 1. 测试操作正确 2. 测试现象及表单填写正确

观察员：　　　　　　操作员：　　　　　　时间：

【评价反馈】

1. 自我评价

我做得好的地方	我还存在这些方面的问题
□ 动作准确	□ 动作不到位
□ 工具使用规范	□ 工具使用不规范
□ 调试步骤熟悉	□ 调试步骤不熟悉
□ 工具摆放整齐	□ 工具摆放不整齐
□ 操作用时合理	□ 操作用时过长
□ 工作态度端正	□ 工作态度不够端正

2. 小组评价

我们组做到了：□ 全员参与　□ 分工明确　□ 工作高效　□ 完成了工作任务

3. 教师评价

评价内容	评价指标	等级（星级评定）
1. 综合素养方面	1）态度是否积极，是否主动组织或参与活动 2）与小组同学合作是否良好 3）活动是否认真、善始善终 4）是否勇于克服困难	
2. 知识技能方面	1）查阅资料技能 2）实地观察记录能力 3）调查研究能力 4）整理材料能力	

【知识巩固】

一、选择题

1. 受电弓的动作参数有（　　）。

A. 升弓时间　　　　　　　　B. 降弓时间　　　　　　　　C. 静态压力

2. 受电弓静态压力调节阀门是（　　）。

A. 安全阀　　　　　　　　　B. 节流阀　　　　　　　　　C. 精密调节阀

3. 受电弓降弓的原因包括（　　）。

A. 紧急停车　　　　　　　　B. 按下降弓按钮　　　　　　C. ADD 保护启动

二、判断题

1. 受电弓的升降弓时间不可调。　　　　　　　　　　　　　　　（　　）

2. 调节升降弓时间对静态压力没影响。　　　　　　　　　　　　（　　）

3. 无法实现受电弓 ADD 自动降弓测试。　　　　　　　　　　　（　　）

4. 受电弓是气动的，所以无须电源。　　　　　　　　　　　　　（　　）

延 伸 阅 读

罗昭强是中车长春轨道客车股份有限公司高级技师，中国中车首席技能专家。他是"中华技能大奖"奖项获得者，凭借自主研发的动车组整车调试模拟实训装置成果，填补了国内空白，囊括 11 项国家专利；他是 2018 年度国家科学技术进步二等奖获得者，是高铁研制领域首个获此殊荣的一线工人。立足岗位 30 年，罗昭强用执着与坚守，深度诠释了"产业报国，勇于创新，为中国梦提速"的高铁工人精神。

【学而思】

你知道的"工人院士"还有哪些？从他们身上可以学到哪些优良的品质？

项目六
城市轨道交通车辆制动系统认知与维护

城市轨道交通车辆的启动和运行，都需要对其施加牵引力来完成；同样，为了使运行的城市轨道交通车辆能够迅速地减速、停车或保持一定的速度匀速运行，也必须对其施加制动力。牵引和制动是车辆运行的两个方面，缺一不可。仅有牵引而没有制动的车辆是不完善的，甚至是危险的。试想一下，如果一列车突然失去制动，乘客的生命和财产将受到严重威胁，这是何等的危险。因此，从某种意义上来说，制动是一个比牵引更为的重要问题。城市轨道交通车辆的制动装置是城市轨道交通车辆的重要组成部分，决定着城市轨道交通车辆的重要性能。车辆制动系统的正确使用与维护对车辆的安全运行有着至关重要的意义，所以本项目的学习任务有：

    任务一　制动系统的认知
    任务二　基础制动装置的维护

任务一 制动系统的认知

【任务描述】

某地铁车辆运行过程中，司机正常情况下如何施加制动，遇到特殊情况又该施加哪种制动？下面来进行制动模式与制动方式的学习认知。

【学习目标】

目标名称	目标内容
知识目标	掌握与城市轨道交通车辆制动技术相关的基本概念
	熟悉城市轨道交通车辆制动系统的基本功能和组成
技能目标	能与他人进行有效的沟通、合作完成司机室控制器的操作与讲解
	能按 6S 管理规定进行作业

【知识准备】

一、制动的定义和作用

1. 制动的定义

人为地施加外力，使城市轨道交通车辆、铁路机车车辆等运动的交通工具减速或阻止其加速，保持状态不变的作用，称为制动。制动效能的大小和制动施加的时机由人为掌控。使列车减速或阻止其加速的力称为制动力，而产生并控制这个制动力的装置称为制动装置。从能量变化角度来分析的话，制动过程就是一个能量转移的过程，即将列车的动能人为地控制其转变为其他形式的能量的过程。因此，列车制动过程必须具备两个基本条件：实现能量的转换；控制能量的转换。此时，制动装置是用以实现和控制列车动能转化的一整套装置。

2. 制动距离的定义

运行的列车从司机施行制动（司机施行制动位）的瞬间开始，到列车速度降为零的瞬时为止，列车这段时间内所行驶的距离，称为制动距离。这是综合反映列车制动装置性能和实际制动效果的主要技术指标。

一般来说，城市轨道交通系统都有明确的车辆运行规程，特别是一对列车制动能力有严格的要求和规定。例如，要求列车在紧急情况下的制动距离（紧急制动距离）不得超过某一规定值。

二、城市轨道交通车辆的制动模式

城市轨道交通车辆的制动方式，按操纵和用途可分为 5 种：常用制动、快速制动、紧急制动、停放制动和保压制动。

1. 常用制动

常用制动是指在正常情况下为调节或控制列车速度，包括进站停车所施行的制动。常用制动的特点是：作用比较缓和，制动力可以调节，通常只用列车制动能力的 20%～80%，多数情况下只用 50%。

在常用制动模式下，电制动和空气（摩擦）制动一般都处于激活状态。一般情况下［车载 AW（定员载荷）2 以下，速度 8km/h（可调）以上］，电制动能满足车辆制动的要求，当电制动不能满足制动要求时，空气制动能够迅速、平滑地补充，实现混合制动。

2. 快速制动

快速制动与紧急制动作用方式基本一致，与紧急制动的最大区别是：紧急制动是不可自动恢复的，必须停车后人工恢复，而快速制动在制动过程中可以人工解除后自动恢复到正常状态。当主控制器手柄移到"快速制动"位时，列车将实施减速度与紧急制动相同的快速制动。快速制动具有如下特点：

1）采用电空混合制动（有的轨道交通车辆电制动不起作用，只有空气制动）。

2）受冲击率的限制。

3）主控制气手柄回"0"位，可缓解。

4）具有防滑保护和载荷校正功能。

3. 紧急制动

紧急制动是一种"非常制动"，是在紧急情况下为使列车尽可能快地停车而施行的一种制动。它的特点是：作用比较迅猛，而且要把列车全部制动能力都用上。车辆设计有一个"失电制动，得电缓解"的紧急空气制动系统，贯穿整个列车的 DC 110V 连续电源线控制该制动系统，线路一旦断开（如接触网停电），所有车辆立即实施紧急制动，以确保列车安全。紧急制动不经过 EBCU（电子制动控制单元）的控制，直接使用 BCU（制动控制单元）的紧急电磁失电而实现。它具有如下特点：

1）电制动不起作用，仅空气制动。

2）紧急制动实施后是不能撤除的，列车必须减速，直到完全停下来（零速封锁）。（不可逆）

3）不受冲击率的限制，在 1.7s 内即可达到最大制动力的 90%。

4）具有防滑保护和载荷修正功能。

4. 停放制动

车辆断电停放时，制动缸保压压力会因管路泄漏，在无压力空气补充的情况下，逐步下降到零，使车辆失去制动力。在正常情况下，弹簧力的大小不随时间变化而变化，由此获得的制动力能满足列车较长时间断电停放的要求。弹簧停放制动缸充气时，停放制动缓解；弹簧停放制动缸排气时，停放制动产生。弹簧停放制动还附加有手动缓解的功能。

5. 保压制动

保压制动可防止列车在停车前的冲动，使列车平稳停车，通过 EBCU 内部设定的执行程序来控制。

三、城市轨道交通车辆制动方式

制动方式指的是制动力获取方式和制动时列车动能的转移方式。按照制动时列车动能的转移方式不同，城市轨道交通车辆的制动主要可以分为摩擦（空气）制动和电制动。

1. 摩擦制动

摩擦制动是通过摩擦副的摩擦将列车的运动动能转变为热能，逸散于大气，从而产生制动作用。城市轨道交通车辆常用的摩擦制动方式有闸瓦制动、盘形制动和轨道电磁制动。

（1）闸瓦制动 又称为踏面制动（图6-1），它是目前速度较低的城市轨道交通车辆常用的一种制动方式。制动时闸瓦压紧车轮，轮、瓦间发生摩擦，电动车组的动能大部分通过轮、瓦间的摩擦变成热能，经轮、瓦最终逸散出去。

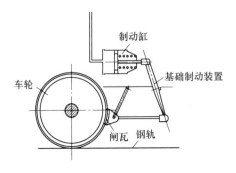

图 6-1 闸瓦制动

（2）盘形制动 盘形制动装置如图6-2所示，有轴盘式和轮盘式之分。在城市轨道交通车辆中，一般拖车采用轴盘式盘形制动；动车由于轮对中间设有牵引电机等设备使安装制动设备较困难，一般采用轮盘式盘形制动。

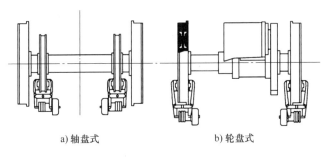

a) 轴盘式   b) 轮盘式

图 6-2 盘形制动

（3）轨道电磁制动 轨道电磁制动也称为磁轨制动。如图6-3所示，制动时将电磁铁放下，使磨耗板与钢轨吸合，电动车组的动能通过磨耗板与钢轨的摩擦转化为热能，然后经钢轨和磨耗板最终散于大气。

2. 电制动

为了减少机械摩擦，应尽量采用无污染的制动方式，目前最好的方法就是使用电制动。电制动是在制动时，将牵引电机变为发电机，使列车动能转化为电能。根据电能的不同处理方式形成了不同方式的电制动，城市轨道交通车辆上采用的电制动形式主要有电阻制动和再生制动。

（1）电阻制动 将发电机发出的电能送到电阻器中，使电阻器发热，即将电能

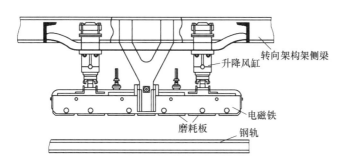

图6-3 轨道电磁制动

转变为热能。

（2）再生制动 把列车的动能通过电机转化为电能后，再使电能反馈回电网供给其他列车使用。这种方式既能节约能源，又减少制动时对环境的污染，并且基本上无磨耗，是一种较为理想的制动方式。

电制动具有独立的滑行保护功能。由于四台电机是并联连接的，因此当DCU（牵引控制单元）检测出任意一根轴发生滑行时，DCU只能对四台电机进行同步控制，同时降低或切除四台电机的电制动力。

四、制动性能

制动性能的评价指标有：常用制动平均减速度（从80km/h到0，$a = (0.95 \sim 1.15)$ m/s^2 包括响应时间 t_R）、接触网吸收能力（$0 \sim 100\%$）、常用制动冲击限制（0.75m/s^2）、电制动转折点（$0 \sim 12$km/h）、紧急制动减速度（$a \geqslant 1.2$m/s^2）。

五、司机室设备

司机室的设备主要有双针压力表和司机室控制器。

1. 双针压力表

司机室的双针压力表如图6-4所示，一个指针显示的是总风缸的压力，一个指针显示的是制动管路的压力。

2. 司机室控制器

司机室控制器（图6-5）是司机用来操纵机车运行的主令控制器，是利用控制电路的低压电器间接控制主电路的电气设备，用以控制机车牵引位、制动位和惰行位（0位）。制动工况又可分为常用制动、快速制动和紧急制动。

图6-4 双针压力表

图6-5 司机室控制器

课堂笔记

【收集信息】

1. 我们的学习任务是什么？

_____

_____

2. 如何正确选用制动模式进行行车？

_____

_____

_____

【制订计划】

一、场地、设备、工具和材料准备

场地、设备、工具和材料准备见表 6-1。

表 6-1　场地、设备、工具和材料统计表

序号	类别	名称	数量
1	场地	车辆制动实训室	
2	设备	车辆制动系统操作台	1 台
		闸瓦制动装置	1 套
		盘形制动装置	1 套
		空气压缩机	1 台
3	工具和材料	手套	2 副
		清洁抹布	若干

二、小组人员分工（表 6-2）

表 6-2　司控器的操作项目任务人员分配表

任务名称				日期	
班组名称		组长		监督员	
操作员		观察员		展示员	
注意事项					

三、制动模式任务计划

1. 制动模式分步操作，了解并掌握制动方式。

需要用到的工器具有：_____

2. 根据闸瓦制动和盘形制动的动作，掌握制动模式的选择及其施加条件。

闸瓦制动动作过程：_____。

盘形制动动作过程：_____。

常用制动施加条件：_____。

快速制动施加条件：_____。

紧急制动施加条件：_____。

停放制动施加条件：_____。

【实施计划】

请结合本小组制订的作业计划，完成下列内容的填写。

1）施加常用制动：电制动（有、无），空气制动（有、无），（是、否）能够缓解。

2）施加常用制动：电制动（有、无），空气制动（有、无），（是、否）能够缓解。

3）施加常用制动：电制动（有、无），空气制动（有、无），（是、否）能够缓解。

4）施加停放制动：_____制动，充气（缓解、施加），排气（缓解、施加）。

【检查与控制】

观察员对操作员的工作过程评分，具体评分细则见表6-3。

表6-3　司控器的操作项目考核评分表

操作时间：40min

序号	考核项目	考核内容及要求（评分要点）	配分	评分标准	得分
1	检查前准备	确认工作台正常 双针压力表指针对象 停放制动未施加	20	工作台确认，5分 双针指示表述准确，10分 停放缓解/未施加，5分	
2	常用制动	施加常用制动	20	操作错误扣5分	
		观察制动过程 解读电空混合		解读错误扣10分	
		常用制动缓解（可逆性）		操作错误扣5分	
3	紧急制动	紧急速制动施加	20	操作错误扣5分	
		观察制动过程 解读电空混合		解读错误扣10分	
		紧急制动缓解（可逆性）		操作错误扣5分	
4	快速制动	快速制动施加 观察制动过程 解读电空混合 快速制动缓解（可逆性）	20	操作错误扣10分（制动、缓解） 解读错误扣10分	

（续）

序号	考核项目	考核内容及要求 （评分要点）	配分	评分标准	得分
5	停放制动	停放制动施加与缓解 观察制动过程并阐述	10	操作错误扣5分 解读错误扣5分	
6	文明操作	文明操作、工具摆放有序	10	乱摆、乱放工具扣3分、操作混乱扣3分	
		总分	100	得分	

观察员：　　　　　　　　操作员：　　　　　　　　时间：

【评价反馈】

1. 自我评价

我做得好的地方	我还存在这些方面的问题
□ 动作准确	□ 动作不到位
□ 工具使用规范	□ 工具使用不规范
□ 安装步骤熟悉	□ 安装步骤不熟悉
□ 零件摆放整齐	□ 工具摆放不整齐
□ 操作用时合理	□ 操作用时过长
□ 工作态度端正	□ 工作态度不够端正

2. 小组评价

我们组做到了：□全员参与　□分工明确　□工作高效　□完成了工作任务

3. 教师评价

评价内容	评价指标	等级（星级评定）
1. 综合素养方面	1）态度是否积极，是否主动组织或参与活动 2）与小组同学合作是否良好 3）活动是否认真、善始善终 4）是否勇于克服困难	
2. 知识技能方面	1）查阅资料技能 2）实地观察记录能力 3）调查研究能力 4）整理材料能力	

【知识巩固】

一、填空题

1. 制动是指人为施加的_____。

2. _____是综合反映列车制动装置性能和实际制动效果的主要技术指标。

3. 写出城市轨道交通车辆的 5 种制动模式，停放制动、常用制动、_____、_____、保压制动。

4. 与制动作用相反，解除或减弱城市轨道交通车辆制动作用的过程称为_____。

5. 列车停稳后，避免停放的列车因重力作用或风力吹动而_____，也需要对它施行停放制动；停放制动是弹簧制动，停放制动还附加有_____的功能。

6. 紧急制动是失电制动，仅_____制动起作用。

7. 城市轨道交通车辆常用的摩擦制动方式主要有_____制动、_____制动和轨道电磁制动。盘形制动分为_____和_____；采用盘形制动时，动车一般选用_____。

二、判断题

1. 快速制动采用纯空气制动，并且可以缓解。   （   ）

2. 为了保证行车安全，实行紧急制动时必须由司机按下紧急按钮来执行。（   ）

任务二 基础制动装置的维护

【任务描述】

某地铁车辆在线路运行过程中，车上乘客反映有明显异响，严重影响乘坐的舒适性。司机将此情况反馈给车辆基地，车辆检修人员对发生异响的部位进行检修，发现是闸瓦磨损严重，请根据本任务所学知识，对闸瓦进行维护。

【学习目标】

目标名称	目标内容
知识目标	掌握闸瓦制动的基本原理
	能叙述日检与月检内容
技能目标	能独立完成单元制动机的日常检修
	会测量闸瓦是否超限及其更换
	能进行停放制动装置波纹管更换
	能与他人进行有效的沟通、合作完成单元制动机的互检
	能按 6S 管理规定进行作业

【知识准备】

基础制动装置是城市轨道交通车辆的制动系统中一个重要且不可或缺的组成部分，基础制动装置是整个制动系统的实施和执行部分，城市轨道交通车辆一般采用单元式基础制动装置。

由于地铁车辆是动车组，车体底架下方与转向架之间没有足够的空间来安装类似于地面铁路车辆的基础制动装置，因此地铁车辆采用单元制动机。单元制动机是单个供气，动作轻便灵活，占体积空间小，灵敏度高，使用了电气控制后，也可具有良好的同步性。

一般来说，每个转向架上装有两种型号的单元制动机，分别是不带停放制动器的单元制动机和带停放制动器的单元制动机。由于单元制动机直接关系到列车运行的安全，因此对制动机的检修要求比较高。

单元制动机的检修分为日检（1-4）和月检（1-7）两种。

1）检查单元制动器安装螺栓紧固无松动，目测检查锁紧片、橡皮保护套、闸瓦卡簧及其各螺栓、扭簧轴销卡簧，要求无异常，卡簧无断裂、脱落。

2）检查转向架气路（图6-6）连接部位、空气管路及紧固件，要求管路无漏气，紧固件完好、无松动。

图6-6 转向架空气管路

3）检查闸瓦。闸瓦磨耗正常，要求闸瓦最低处厚度≥12mm，要求闸瓦未磨耗到限时，测量闸瓦与踏面间的间隙，调整间隙至（12±1）mm（上海地铁的间隙标准）；若超限需更换闸瓦。

4）检查停放制动手动缓解装置外观和停放功能，包括人工缓解在内。

5）手动缓解停放制动装置波纹管是否磨损。

6）检查各个储风缸与车底之间的连接是否紧固（图6-7）。

7）打开风缸底部的排水阀/排水塞门，排放储风缸中的冷凝水。

图6-7 主风缸、制动风缸、空气弹簧风缸

【收集信息】

1. 我们的学习任务是什么？

_____

_____

_____

2. 为顺利完成本任务，请大家认真完成以下信息收集：

1）地铁车辆基础制动装置的定义。

_____。

2）基础制动装置日检流程有_____。

3）基础制动装置月检流程除日检修流程外，还增加了_____

_____。

4）闸瓦磨耗后，其闸瓦厚度不得低于_____。

5）如何确认风缸冷凝水已排尽_____。

【制订计划】

一、场地、设备、工具和材料准备

场地、设备、工具和材料见表6-4。

表6-4　场地、设备、工具和材料统计表

序号	类别	名称	数量
1	场地	维修车间	
2	设备	单元制动机、风缸	1组
3	工具和材料	手套	1副
		安全帽	1个
		扭力扳手	若干
		方孔钥匙 7mm×7mm	1把
		钢直尺	1个
		手电筒	1把
		塞尺	1把
		抹布	若干
		注油枪	2个
		防松标记笔	2支（红黑各1支）
		验漏液	若干

二、小组人员分工（表6-5）

表6-5　基础制动装置维护人员分配表

任务名称				日期	
班组名称		组长		监督员	
操作员		观察员		展示员	
注意事项					

三、基础制动装置维护计划

1. 单元制动机的检查方法：

_____

_____

2. 单元制动机的日检步骤：

_____

_____

3. 单元制动机的月检步骤：

_____

_____

4. 选用工具：

_____

_____

【实施计划】

请结合本小组制订的作业计划，对基础制动装置进行日检和月检，并完成下列内容的填写。

1）本小组的检修对象是_____。

2）目视检查整个单元制动机。检查单元制动机安装螺栓（是，否）紧固，目测检查锁紧片有无损坏的迹象以及零件_____（是，否）松脱或遗失。

3）检查闸瓦，闸瓦磨耗正常要求闸瓦最低处厚度_____。

4）检查转向架气路连接部位及空气管路，检查要求管路（是，否）漏气。

5）检查各个储风缸与车底之间的连接（是，否）紧固，打开风缸底部的排水阀/排水塞门，排放储风缸中的_____。

6）检查手动缓解停放制动装置波纹管（是，否）磨损。

【检查与控制】

观察员对操作员的工作过程评分，具体评分细则见表6-6。

表6-6　基础制动装置维护考核评分表

操作时间：20min

序号	考核项目	考核内容及要求（评分要点）	配分	评分标准	得分
1	检查前准备	确认工具齐全 安全防护到位	20	工具准备齐全，10分 安全防护，10分	
2	基础制动装置维护	检查单元制动机安装螺栓	60	检查错误扣5分，操作错误扣5分	
		检查闸瓦磨耗是否超限		检查错误扣5分，操作错误扣5分	
		检查转向架气路与管路		检查错误扣5分，操作错误扣5分	
		检查储风缸螺纹无松动		检查错误扣5分，操作错误扣5分	
		检查储风缸排水塞门状态，确认是否进行冷凝水排放		检查错误扣5分，操作错误扣5分	
		检查手动缓解装置状态		操作错误扣5分	
3	工具和量具的使用	正确使用各种工具和量具 不得损坏工具和量具	10	工具、量具使用方法不正确，一次扣2分 损坏工具、量具，不得分	

（续）

序号	考核项目	考核内容及要求 （评分要点）	配分	评分标准	得分
4	安全保护	劳保用品穿戴齐全	5	劳保用品穿戴不全，扣 3 分	
		文明操作、工具摆放有序	5	乱摆、乱放工具、量具，扣 2 分	
		总分	100	得分	

观察员：　　　　　　　　　　操作员：　　　　　　　　　　时间：

 **【评价反馈】**

1. 自我评价

我做得好的地方	我还存在这些方面的问题
□ 动作准确	□ 动作不到位
□ 工具使用规范	□ 工具使用不规范
□ 安装步骤熟悉	□ 安装步骤不熟悉
□ 零件摆放整齐	□ 工具摆放不整齐
□ 操作用时合理	□ 操作用时过长
□ 工作态度端正	□ 工作态度不够端正

2. 小组评价

我们组做到了：□ 全员参与　□ 分工明确　□ 工作高效　□ 完成了工作任务

3. 教师评价

评价内容	评价指标	等级（星级评定）
1. 综合素养方面	1）态度是否积极，是否主动组织或参与活动 2）与小组同学合作是否良好 3）活动是否认真、善始善终 4）是否勇于克服困难	
2. 知识技能方面	1）查阅资料技能 2）实地观察记录能力 3）调查研究能力 4）整理材料能力	

【知识巩固】

一、填空题

1. 单元制动机是单个_____，动作轻便灵活，占空间体积小，灵敏度高_____，使用了电气控制后，也可具有良好的_____。

2. 每个转向架上装有两种型号的单元制动机，分别是_____的单元制动机和_____的单元制动机，他们设置方式为_____设置。

3. 检查单元制动器安装螺栓紧固无松动时，检修人员主要通过_____的手段来判断。

4. 闸瓦磨耗正常，要求闸瓦最低处厚度_____，要求闸瓦未磨耗到限时，测量闸瓦与踏面间的间隙，调整间隙至_____。采用_____工具，可以测量该尺寸。

5. 地铁车辆停放时为防止溜车设置了弹簧停放制动，司机可以在司机室操作其施加与缓解，若缓解不了需要通过_____进行缓解；月检需对此项目的_____进行检查。

二、简答题

风缸的底部为什么会安装排水阀？

—— 延 伸 阅 读 ——

李东晓，北京铁路局北京机务段动车组运用车间指导司机，自参加铁路工作，他自觉地将人生目标与事业追求结合起来，刻苦钻研，勤学苦练，精益求精，奋勇争先，从一名普通火车司机成长为高铁动车组司机，驾驶"和谐号"动车组创造出"中国铁路第一速"。

作为京津城际高铁正式开通的首趟值乘司机，他被誉为驾驶中国高速列车"第一人"。李东晓带出了一个过硬的高速列车司机团队，由他总结提炼的高铁列车操纵技术规程推广到中国各条高铁线。

作为全国铁路优秀共产党员、北京铁路局优秀共产党员标兵，李东晓驾驶过北京型内燃机车、东风4B型内燃机车、东风4D型内燃机车、DF4DK型内燃机车、东风11型内燃机车、神州号双层内燃动车组、韶山9型电力机车、和谐号CRH1型电力动车组、和谐号CRH2型电力动车组、和谐号CRH3型电力动车组（CRH3C）、和谐号CRH5型电力动车组，并且操纵驾驶CRH3-001C号列车创造了"394km/h"的中国第一速度。

【学而思】

1. 请你去发掘身边的在平凡岗位刻苦专研、精益求精的案例故事跟同学们分享一下。

2. 结合本项目的学习，谈谈今后你在工作中如何将人生目标与事业追求结合起来。

项目七
城市轨道交通车辆空调系统认知与维护

　　城市轨道交通车辆空调系统是城市轨道交通车辆的重要组成部分之一，具有通风、制冷和采暖等功能，通过对客室和司机室进行空气调节，满足乘客及司机的舒适性要求。通过本项目的学习，能够使学生对城市轨道交通车辆空调系统的概念、分类、组成和作用等知识有一个系统的认知。本项目共分三个任务，分别是：

　　任务一　车辆空调系统的总体认知
　　任务二　车辆空调设备的维护
　　任务三　制冷系统的检漏和制冷剂的充注

任务一 车辆空调系统的总体认知

【任务描述】

某地铁车辆段技术担当带领新进技术员工认知城市轨道交通车辆空调系统的组成、作用和布置等相关知识，并能按要求正确识别空调系统的组成、作用及其所在位置，以便之后对空调系统进行维护与检修。

【学习目标】

目标名称	目标内容
知识目标	能叙述城市轨道交通车辆空调系统的组成、作用和位置
	能叙述城市轨道交通车辆空调机组的主要部件及其位置
	能叙述紧急通风系统的三种模式
技能目标	能与他人进行有效的沟通、合作；能按 6S 管理规定进行作业
	能正确识别城市轨道交通车辆空调系统的组成，并指出其所在位置

【知识准备】

一、车辆空调系统概述

空调系统具有通风、制冷、采暖和排气等功能，通过对客室和司机室进行空气调节，以满足乘客及司机的舒适性要求。因此，在客室约 1/4 及 3/4 处安装两台顶置单元式空调机组以满足制冷和采暖需求；在司机室设 1 台司机室送风单元和 1 台司机室回风单元以满足司机的舒适性要求；车顶端部设有可根据车内正压变化情况自行调节排气量的自然式排气装置；客室风道沿客室纵向通长布置，将经过空调机组处理的空气输送到室内，同时将客室内部分空气收集后送回空调机组，风道的布置要确保无送风死角；客室空调机组内部设置辅助电加热器，客室内座椅下部设电加热器，冬季采暖采用空调机组内辅助电加热和客室内电加热器相结合的方式满足采暖要求。

二、车辆空调系统组成和布置

空调系统由 2 台车顶单元式空调机组（包含辅助电加热）、1 台空调控制柜、1

套风道系统、1 台紧急通风逆变器、1 套电加热器、车顶设废排通风器（头车 2 个，中间车 4 个）及头车设 1 台司机室送风单元和 1 台司机室回风单元组成。

空调系统布置如图 7-1 所示。

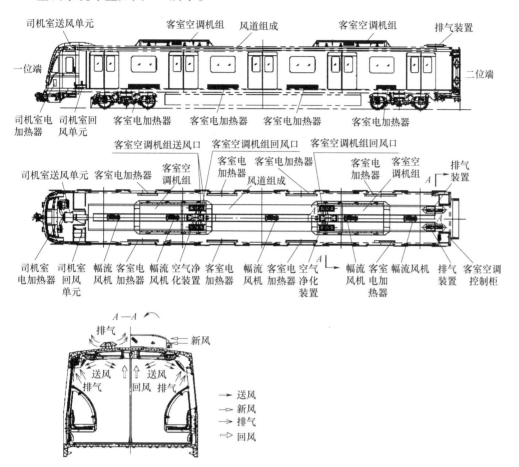

图 7-1　TC1 空调系统布置

三、空调机组

空调机组的安装方式如图 7-2 所示。客室安装两台顶置单元式空调机组，分别布置在车顶距约 1/4、3/4 处。每台机组设置 8 个安装座，通过减振器固定在车体安装座上。空调机组采用下送风下回风方式，空调机组送、回风口分别与风道送风口和回风口连接。每台空调机组由两个独立的制冷循环系统组成，空调机组可根据载客量信息自动调节新风量。

空调机组采用机械连接安装于车顶上，送、回风口分别位于距车体端部约 1/4、3/4 处，温度传感器安装在空调回风口处。空调机组与车体之间采用减振器连接，空调机组送、回风口通过车体送、回风口处的密封材料与空调机组进行压接密封，机组安装到车上时简便、可靠，无需特殊的工具和复杂的操作程序。

空调机组底部粘贴阻尼材料和防寒材料，可有效地阻止机组噪声传入车内，同时可有效地防止机组底部出现冷凝水。

空调机组在工作时，空调机组底部设置冷凝水排水口，冷凝水可以顺利地从空调机组底部的排水口排出；冷凝水和雨水从平台上的排水槽引到车端排至车下，不设单独的排水管路。

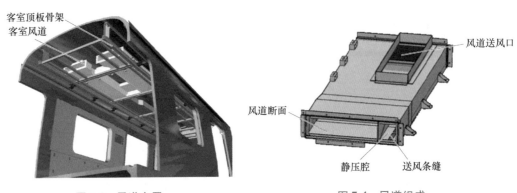

图 7-2　空调机组的安装方式

四、风道系统

客室风道采用静压式送风道，分为送风道与回风道。风道布置（图 7-3）在客室顶板骨架上，沿车体长度方向纵向布置；送风口沿车体纵向中心线方向对称布置在顶板上；送风道布置在车顶两侧，回风道布置在空调回风口下部；司机室顶部设司机室送风单元，从相邻客室风道中将处理过的空气引入司机室，提供司机室新风供应和空气调节功能。如图 7-4 所示，风道由风道断面、静压腔、送风条缝和风道送风口组成。

图 7-3　风道布置　　　　　　　　图 7-4　风道组成

司机室的排风通过安装在司机室和客室间壁上的司机室回风单元来实现。司机室回风单元将司机室的排气送回客室，实现司机室的风量循环。司机室回风单元内设电动风阀和通风机，司机室回风单元通风机与司机室送风单元通风机联动，均由司机室送风单元的控制开关控制，从而实现司机室的风量平衡。司机室回风单元带有一个风阀，当发生火灾时可关闭风阀，从而把司机室与客室隔离开。当送风单元关闭后，回风单元电动风阀关闭。司机室气流组织图如图 7-5 所示。

五、废排通风器和空气净化装置

废排通风器（图 7-6）为自然式排气装置，设置在车顶端部，TC 车和 MP 车设两个，M 车设四个，根据车内正压变化情况自行调节排气口开度，从而调节排气量，满足车辆排风要求。

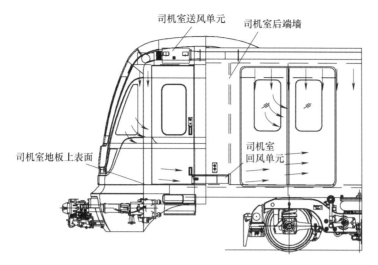

图 7-5 司机室气流组织图

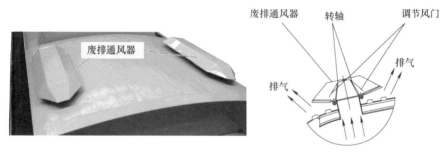

图 7-6 废排通风器

　　为提高车辆客室内空气质量，有效去除车厢内的细菌及有机挥发物等有害物质，每台空调机组内部均配备一台空气净化装置。

　　空气净化装置（图 7-7）利用深频紫外光与空气中的水分子和氧分子反应，释放大量的光等离子体。这些光等离子体可杀灭空气中及物体表面的细菌、病毒等微生物，同时降解空气中的有害化合物，从而达到杀菌、消毒、防霉、分解化学气体、去除异味、沉降颗粒、清新空气的作用。空气净化装置安装在空调机组内新风与回风混合处，在回风阀上部，并固定在安装架上。

图 7-7 空气净化装置

六、紧急通风系统

　　在列车无受电或列车的两台辅助电源均出现故障时，紧急通风系统能提供客室和司机室通风 45min。当交流电源恢复时，自动转入正常运行模式。紧急通风时仅利用空调机组的风机及废排装置，不再另外设置机械通风装置。

1. 应急供电

紧急通风时，在三相 380V、50Hz 交流电源失效的情况下，由 DC110V 蓄电池组经紧急通风逆变器为空调机组及司机室送风单元通风机供电。

2. 通风

空调机组仅通风机工作，此时新风/回风调节装置自动将新风口完全打开、回风口关闭，仅向客室及司机室输送新鲜空气。每台机组紧急通风量不少于 $2000m^3/h$。

3. 排气

客室排气由设置在车顶的废排装置实现。排气量与新风量相匹配，所有车门、车窗均关闭时，保证客室内维持一定的微正压。

七、空调控制系统

每车设一台空调控制柜，布置在车辆端部的电气柜内，控制系统以控制器为核心，控制两台空调机组。控制方式分为集控和本控，可整列车集中控制，也可单车控制。

本控指通过设模式选择开关，可实现对本车空调的控制。集控指通过司机室 TCMS 显示器实现对整个列车空调的控制。

【收集信息】

为顺利完成本任务，请大家认真完成以下信息收集：

1. 城市轨道交通车辆空调系统的组成有哪些？

_____

2. 城市轨道交通车辆空调机组的组成和布置。

_____

【制订计划】

一、场地要求、所需设备和工具材料

场地、设备、工具和材料见表 7-1。

表 7-1　场地、设备、工具和材料统计表

序号	类别	名称	数量
1	场地	轨道综合实训室	
2	设备	车顶单元式空调机组	
3	工具和材料	一字螺钉旋具	2 把
		方孔钥匙	2 把
		扳手	2 把
		手电筒	2 只
		清洁用品	若干
		安全带	5 条

二、小组人员分工（表 7-2）

表 7-2　车辆空调系统认知任务人员分配表

任务名称			日期	
班组名称		组长	监督员	
操作员		观察员	展示员	
注意事项				

三、前期准备

1. 作业人员必须穿戴好劳动防护用品（衣、帽、鞋等）。

2. 受电弓降弓断电，确认设备安全可靠后，方可操作。

3. 安全带高挂低用，车顶慢行，禁止高空坠物，保证人走场清。

四、城市轨道交通车辆空调系统的认知

1. 城市轨道交通车辆空调系统的组成及其位置。

_____

_____

2. 城市轨道交通车辆空调机组内部布局。

_____

_____

3. 城市轨道交通车辆空调紧急通风系统的三种模式。

_____

_____

【实施计划】

请结合本小组制订的认知计划，完成下列内容的填写。

1. 根据空调机组内部布局图，标出其主要组成部件的名称。

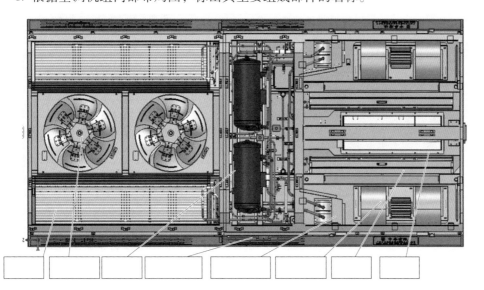

2. 填写城市轨道交通车辆空调系统的组成部分、作用及位置。

序号	组成部分	作用及位置
1		
2		
3		
4		
5		
6		

【检查与控制】

观察员对操作员的工作过程评分，具体评分细则见表7-3。

表7-3 认知空调系统考核评分表

操作时间：50min

序号	考核项目	考核内容及要求（评分要点）	配分	评分标准	得分
1	工具准备	1. 螺钉旋具 2. 扳手 3. 兆欧表等	10	工具准备齐全，2分 正确选用工具，2分 安全操作情况，6分	
2	认知空调组成	1. 操作合理并符合规范 2. 正确识别部件特征 3. 正确读取部件铭牌参数	50	拆装符合机电操作规范，10分 正确识别主要组成部件，20分 正确填写主要部件的数量和铭牌参数，20分	
3	拆装盖板	1. 拆卸盖板顺序及零件摆放 2. 安装盖板顺序及对应零件 3. 检查紧固螺钉松动	15	拆卸零件摆放整齐，5分 紧固螺钉对角安装，5分 检查松动标记符是否对齐，5分	
4	安全保护	1. 劳保用品穿戴齐全 2. 文明操作，工具摆放有序	5	劳保用品穿戴不全，扣3分 工具乱摆、乱放，扣2分	
5	绘制原理图	根据空调机组内部布局图，绘制其工作原理图	20	绘图布局合理、符号正确、字体清晰，10分 气液流向箭头标注正确，10分	
		总分	100	得分	

观察员：　　　　　　　　　　　操作员：　　　　　　　　　　　时间：

📑【评价反馈】

1. 自我评价

我做得好的地方	我还存在这些方面的问题
□ 动作准确	□ 动作不到位
□ 工具使用规范	□ 工具使用不规范
□ 检查维护项目熟悉	□ 检查维护项目不熟悉
□ 零件摆放整齐	□ 工具摆放不整齐
□ 操作用时合理	□ 操作用时过长
□ 工作态度端正	□ 工作态度不够端正

2. 小组评价

我们组做到了：□ 全员参与　□ 分工明确　□ 工作高效　□ 完成了工作任务

3. 教师评价

评价内容	评价指标	等级（星级评定）
1. 综合素养方面	1）态度是否积极，是否主动组织或参与活动 2）与小组同学合作是否良好 3）活动是否认真、善始善终 4）是否勇于克服困难	
2. 知识技能方面	1）查阅资料技能 2）实地观察记录能力 3）调查研究能力 4）整理材料能力	

📰【知识巩固】

一、填空题

1. 空调机组采用_____送风_____回风方式，空调机组送、回风口分别与风道送风口和回风口连接。

2. 每台空调机组由_____个独立的制冷循环系统组成，空调机组可根据_____信息自动调节新风量。

3. 客室风道采用静压式送风道，分为_____与_____。

4. 在列车无受电或列车的两台_____均出现故障时，_____能提供客室和司机室通风45min。

5. 空调机组控制分为_____和_____，可整个列车集中控制，也可单车控制。

二、判断题

1. 风道布置在客室顶板骨架上，沿车体长度方向纵向布置。（　　）

2. 废排通风器为自然式排气装置，设置在车顶端部。（　　）

3. 本控指通过设模式选择开关，可实现对本车空调的控制。（　　）

4. 集控指通过司机室 TCMS 显示器实现对整个列车空调的控制。（　　）

5. 废排通风器为自然式排气装置，设置在车顶端部。（　　）

任务二 车辆空调设备的维护

【任务描述】

车辆空调机组是城市轨道交通车辆空调系统的重要组成部分之一。本任务是对车辆空调机组的结构及工作原理进行系统认知，能够识别主要部件在空调机组中的作用及所处位置，能够对空调机组进行日常维护与检修，为日后检维车辆空调系统打下基础。

【学习目标】

目标名称	目标内容
知识目标	能叙述制冷循环过程
	能够识别空调机组各部件
	能够正确指出各部件的位置
	能正确理解各部件的作用
技能目标	能与他人进行有效的沟通、合作，能按 6S 管理规定进行作业
	能独立完成各部件的维护

【知识准备】

一、车辆空调机组的结构及工作原理

顶置单元式空调机组各零部件组装在箱体内，加盖板后形成一个整体。空调机组分为室内侧和室外侧，室内侧为蒸发腔，室外侧分为压缩机腔和冷凝腔。空调机组的结构如图 7-8 所示，通风机、蒸发器和电动回风调节阀等安装在蒸发腔；压缩机、高压/低压继电器和干燥过滤器等安装在压缩机腔；冷凝风机和冷凝器等安装在冷凝腔。组成制冷系统的部件及配管全部用银钎焊连接，构成全封闭的制冷循环系统，常用制冷剂 R407C 封闭在制冷系统内。空调机组新风口处装有新风过滤网，对机组新风进行过滤。混合风（回风）过滤网安装在幅流风机格栅上，对客室回风空气进行过滤。

如图 7-9 所示，由压缩机压缩成高温高压的 R407C 蒸气，进入冷凝器，经外界空气的强制冷却，冷凝成常温高压的液体，进入毛细管节流降压，变成低温低压的气液混合冷媒，然后进入蒸发器，吸收流过蒸发器的空气的热量，蒸发成低温低压

的蒸气，被压缩机吸入，完成一个制冷循环。压缩机不断工作，达到连续制冷的效果。

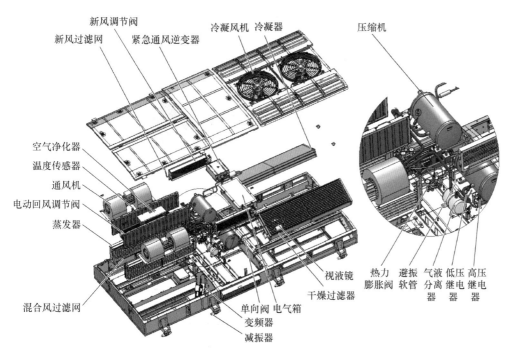

图 7-8　空调机组的结构

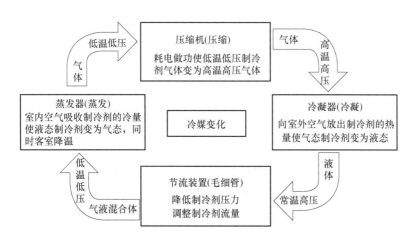

图 7-9　空调制冷循环过程

二、空调机组主要部件的认知

1. 压缩机

压缩机是制冷系统中的核心设备，是制冷系统的动力来源。它将电能转换为机械能，把低温低压气态制冷剂压缩成高温高压气体，推动着制冷剂在制冷系统中不断循环流动，起着压缩和输送制冷剂蒸气的作用。常见的制冷压缩机有活塞式、螺杆式、涡旋式、离心式和滚动转子式。在车辆空调系统中使用较多的是螺杆式和涡旋式制冷压缩机（图 7-10）。

2. 热交换器（主要包括蒸发器和冷凝器）

蒸发器和冷凝器是空调机组进行热交换的主要设备，它们将客室内的热量及压缩机做功产生的热量散发到外部环境。

课堂笔记

图 7-10　涡旋式制冷压缩机

（1）蒸发器（图 7-11）　制冷剂流经蒸发器时与铜管和翅片表面接触的空气（来自客室的回风）进行热量交换，使蒸发器周围空气温度降低，再由通风机（又称蒸发风机）将冷却的空气送入客室。

图 7-11　蒸发器

（2）冷凝器（图 7-12）　由压缩机压缩后形成的高温高压制冷剂蒸气进入冷凝器，在冷凝器内将热量释放给周围空气，并由冷凝风机加速空气流通，提高换热效率。

图 7-12　冷凝器

3. 通风机（又称蒸发风机）

车内循环空气被通风机从回风口吸入与新风混合后通过蒸发器冷却，并由出风口吹出，向车内送出冷风。城市轨道交通车辆空调通风系统通常采用整体式并联双进风离心风机（图 7-13），其安装方便，稳定性高，噪声小。

4. 冷凝风机

由冷凝风机（图 7-14）吸入的空气，在冷凝器周围与管内制冷剂蒸气进行热量交换后，从顶向排出。冷凝风机的作用就是提高冷凝器的换热效率。城市轨道交通车辆空调通风系统通常采用大风量低噪声整体式冷凝风机。

图 7-13　整体式并联双进风离心风机

图 7-14　冷凝风机

5. 制冷配件

（1）压力开关　当压缩机的吸气温度达到下限值时，低压压力开关（图 7-15）便切断电路对压缩机进行保护，当恢复正常时，开关自动复位。

当压缩机的排气温度达到上限值时，高压压力开关（图 7-16）便切断电路对压缩机进行保护，当恢复正常时，开关自动复位。

图 7-15　低压压力开关

图 7-16　高压压力开关

（2）干燥过滤器　干燥过滤器（图 7-17）安装在高压液体管路上，用于干燥过滤制冷剂。

图 7-17　干燥过滤器

（3）电磁阀　电磁阀（图 7-18）安装在冷凝器出口部位，当压缩机停止时关闭，以防止压缩机开启时，大量制冷气体进入压缩机而损坏压缩机。电磁阀属于常闭型。

（4）单向阀　单向阀（图 7-19）安装在压缩机排气管路上，防止压缩机停止工作时，高压气体返回压缩腔而损坏压缩机。

图 7-18　电磁阀

图 7-19　单向阀

（5）视液镜　视液镜（图 7-20）安装于干燥过滤器出口的后方，通过视液镜可以观察制冷剂的情况。

图 7-20　视液镜

6. 新、回风调节阀

新、回风调节阀（图 7-21 和图 7-22）根据运行工况自动调节风量，由电动执行器驱动。

图 7-21　新风调节阀

图 7-22　回风调节阀

7. 新风及回风过滤网

新风过滤网（图 7-23）用以去除新风中的灰尘和杂物，安装在新风调节阀上，可从回风口更换。回风过滤网（图 7-24）用以去除回风中的灰尘和杂物，安装在蒸发器前，可从回风口更换。

8. 变频器

变频器（图 7-25）用于控制压缩机的运行频率，达到的节能效果。

图 7-23 新风过滤网

图 7-24 回风过滤网

9. 逆变器

逆变器（图 7-26）用于在主回路交流电源失电的情况下给空调系统风机进行供电，以维持车厢良好通风状况。

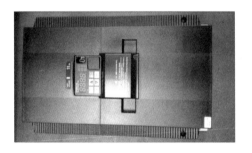

图 7-25 变频器

图 7-26 逆变器

10. 空气净化器（图 7-27）

空气净化器用于对车厢内的循环风进行杀毒、灭菌作用，达到清新车内空气的效果。

图 7-27 空气净化器

三、空调机组的维护

1. 场地、设备、工具和材料准备

1）场地：车辆空调实训室。

2）设备：车辆空调整套系统。

3）工具：对车辆空调机组进行维护所需工具见表7-4。

4）材料：尼龙过滤网。

表7-4　车辆空调机组维护工具单

序号	工具	数量
1	工具桌	1张
2	记录笔	1支
3	雨靴	1双
4	工作服	1套
5	安全帽	1个
6	螺钉旋具	若干
7	扳手	若干
8	高压水枪	1支
9	清洁刷	若干
10	清洁布	若干
11	兆欧表	1个

2. 任务实施步骤及要求

本任务是要对空调系统相关部件做清洁维护工作，其具体检查项目及要求见表7-5。

表7-5　车辆空调机组检查项目及要求

序号	项目要求	技术要求
蒸发器室检查		
1	更换混合风过滤网，清洁混合风空气网格	新滤网应在滤网框架上固定好并安装到位
2	检查通风机	检查轴承、叶片完好，可自由转动，无异常，清洁风机叶片
3	检查接线端子	无损伤、无松动、无异常发热现象
4	检查管路表面及接口	管路表面无损伤、无油污，管路接口无损伤、无松动
5	检查回风阀	停机状态下回风阀处于完全打开状态，风阀执行器外观无异常
6	清洁送风、回风温度传感器	送风、回风温度传感器表面清洁
7	清洁变频器	变频器无积灰，无受潮
8	清洁通风机室和混合风室	清洁、部件无损伤，螺栓及电器接口无松动
9	清洁蒸发器	各部分清洁无油污，蒸发器翅片无变形，清洁接水盘无积水

序号	项目要求	技术要求
10	清洁排水口	排水口无堵塞
11	清洁空气净化器	空气净化器表面清洁无灰尘

冷凝器室检查

序号	项目要求	技术要求
1	检查冷凝风机	叶片、轴承完好，可自由转动、无异响，清洁风机叶片
2	检查管路表面及接口	管路表面无损伤、无油污，管路接口无损伤、无松动
3	检查干燥过滤器	干燥过滤器无损伤
4	检查视液镜	视液镜颜色为绿色
5	清洗冷凝器	各部分清洁无油污，冷凝器翅片无变形
6	清洁排水口	排水口无堵塞

压缩机箱检查

序号	项目要求	技术要求
1	检查压缩机	外观无损伤、无渗油情况，压缩机安装座紧固螺栓无松动，松动标记清晰、无错位
2	清洁新风过滤网，清洁新风空气格栅	使用压缩空气和水清洁滤网（当滤网不能彻底清洁时，予以更换），滤网应在滤网框架上固定好并安装到位
3	检查新风调节阀	停机状态下回风调节阀处于完全关闭状态，风阀执行器外观无异常
4	清洁新风温度传感器	新风温度传感器表面清洁
5	清洁排水口	排水口无堵塞
6	清洁紧急逆变器	紧急逆变器表面清洁无污物
7	清洗压缩机室	各部件清洁无尘

系统总成

序号	项目要求	技术要求
1	通风机、冷凝器绝缘	绝缘电阻值大于 $2M\Omega$
2	检查自然通风器	螺栓紧固无松动，外罩出门口无堵塞物，调节风阀开合正常
3	检查管路固定器紧固螺栓和管路固定器	螺栓紧固无松动，管路固定器橡胶垫片无损坏或脱落
4	检查盖板及保温材料及密封胶条	盖板无损伤、变形，保温材料、密封胶条无脱落、破损
5	锁闭机组盖板	空调机组盖板锁闭良好，二层防护锁闭到位
6	检查机组工作状态	空调机组在自动冷工况下，机组无异响及异常抖动

【收集信息】

为顺利完成本任务，请大家认真完成以下信息收集：
1. 车辆空调机组的工作原理。

2. 标出车辆空调机组各部件的名称（图上直接标注）。

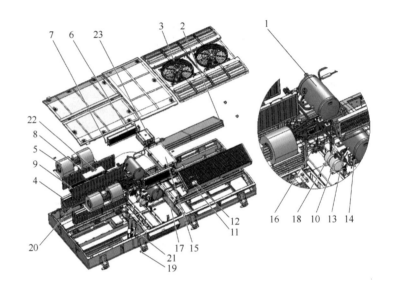

【制订计划】

请根据描述的现象和任务要求，确定所需的维护仪器、工具和材料，并对小组成员进行合理分工，制订详细的检查和维护计划。

1. 请在表 7-6 中选择在检修中可能用到的工具和材料。（在对应的选项中打√即可）

表 7-6　车辆空调机组维护工具

工量具名称	选择	
工具桌	□可能	□不可能
记录笔	□可能	□不可能
雨靴	□可能	□不可能
工作服	□可能	□不可能
安全帽	□可能	□不可能
螺钉旋具	□可能	□不可能
扳手	□可能	□不可能
高压水枪	□可能	□不可能

（续）

工量具名称	选择	
清洁刷	□可能	□不可能
清洁布	□可能	□不可能
兆欧表	□可能	□不可能

2. 小组成员分工（表7-7）。

表7-7 认知与维护任务人员分配表

任务名称				日期	
班组名称		组长		监督员	
操作员		观察员		展示员	
注意事项					

3. 各组列出蒸发器室、冷凝器室、压缩机箱的检查项目。

蒸发器室检查项目有：_____。

冷凝器室检查项目有：_____。

压缩机箱检查项目有：_____。

【实施计划】

请结合本小组制订的维护计划，完成下列内容的填写。

1. 混合风过滤网_____（是、否）需要更换。

2. 通风机、冷凝风机的叶片_____（是、否）完好，_____（是、否）可自由转动，_____（有、无）异常。

3. 在停机状态下回风调节阀_____（是、否）处于完全打开状态，风阀执行器外观_____（有、无）异常。

4. 变频器_____（有、无）积灰，_____（有、无）受潮。

5. 蒸发器、冷凝器各部分_____（有、无）油污，蒸发器翅片_____（有、无）变形，接水盘_____（有、无）积水。

6. 空气净化器、紧急逆变器表面_____（有、无）灰尘。

7. 干燥过滤器_____（有、无）损伤。

8. 视液镜颜色_____（是、否）为绿色。

9. 压缩机外观_____（有、无）损伤_____（有、无）渗油情况，压缩机安装座紧固螺栓_____（有、无）松动，松动标记_____（是、否）清晰、_____（有、无）错位。

10. 盖板_____（有、无）损伤、_____（有、无）变形，保温材料、密封胶条_____（有、无）脱落、_____（是、否）破损。

【检查与控制】

观察员对操作员的工作过程评分，具体评分细则见表7-8。

表 7-8 空调检查项目考核评分表

操作时间：90min

序号	考核项目	考核内容及要求（评分要点）	配分	评分标准	得分
1	检查前准备	螺钉旋具 扳手 高压水枪 兆欧表 清洁刷 清洁布	10	未正确选用螺钉旋具，扣2分 未正确选用扳手，扣2分 未选用高压水枪扣1分，未选用兆欧表扣2分，未选用清洁刷扣1分，未选用清洁布扣1分	
2	蒸发器室检查	更换混合风滤网，清洁混合风空气网格	34	新滤网未固定、安装到位扣2分	
		检查通风机		未清洁风机叶片扣2分，轴承异常未检查出扣1分	
		检查接线端子		接线端子有松动扣2分，异常发热扣2分	
		检查管路表面及接口		管路表面有油污扣2分，管路表面及接口有损伤、松动未检查出扣2分	
		检查回风阀		未检查出风阀执行器外观有异常扣2分	
		清洁送风温度，回风温度传感器		送风温度，回风温度传感器表面未清洁扣4分	
		清洁变频器		变频器有积灰扣2分，有受潮未检查出扣1分	
		清洁通风机室和混合风室		部件有损伤未检查出扣1分，螺栓及电器接口有松动扣2分	
		清洁蒸发器		蒸发器有油污扣2分，翅片变形未检查出扣1分，接水盘有积水扣2分	
		清洁排水口		排水口堵塞扣2分	
		清洁空气净化器		空气净化器表面有灰尘扣2分	
3	冷凝器室检查	检查冷凝风机	16	未检查出轴承转动有异响扣2分，风机叶片未清洁扣2分	
		检查管路表面及接口		未检查出管路表面有损伤、有油污扣2分，未检查出管路接口有损伤、松动扣2分	
		检查干燥过滤器		未检查出干燥过滤器有损伤扣2分	
		检查视液镜		未对视液镜的颜色进行检查扣2分	
		清洗冷凝器		冷凝器有油污扣1分，翅片有变形扣1分	
		清洁排水口		排水口堵塞扣2分	

（续）

序号	考核项目	考核内容及要求 （评分要点）	配分	评分标准	得分
4	压缩机 箱检查	检查压缩机	16	压缩机安装座紧固螺栓松动 扣2分，松动标记不清晰、有 错位扣2分	
		清洁新风滤网，清洁新风空 气格栅		未清洁或更换滤网扣2分， 滤网未固定并安装到位扣2分	
		检查新风阀		风阀执行器外观有异常未检 查出，扣2分	
		清洁新风温度传感器		新风温度传感器表面有污物 扣2分	
		清洁排水口		排水口堵塞扣2分	
		清洁紧急逆变器		紧急逆变器表面有污物扣 2分	
5	系统总 成检查	通风机、冷凝器绝缘	19	绝缘电阻值大于2MΩ未检查 出扣1分	
		检查自然通风器		螺栓紧固有松动扣1分，外 罩出门口有堵塞物扣1分，调 节风阀开合不正常扣2分	
		检查管路固定器紧固螺栓和 管路固定器		螺栓紧固松动扣1分，管路 固定器橡胶垫片有损坏或脱落 扣2分	
		检查盖板及保温材料及密封 胶条		盖板有损伤、变形未检查出 扣2分，保温材料、密封胶条 有脱落、破损未检查出扣2分	
		锁闭机组盖板		空调机组盖板未锁闭扣2 分，二层防护未锁闭到位扣2分	
		检查机组工作状态		空调机组有异响及异常抖动 未检查出扣1分	
6	安全保护	劳保用品穿戴齐全	5	劳保用品穿戴不全，扣3分	
		文明操作、工具摆放有序		工具乱摆、乱放，扣2分	
	总分		100	得分	

观察员：　　　　　　　　　　操作员：　　　　　　　　　　时间：

 【评价反馈】

1. 自我评价

我做得好的地方	我还存在这些方面的问题
□ 动作准确	□ 动作不到位
□ 工具使用规范	□ 工具使用不规范

（续）

我做得好的地方	我还存在这些方面的问题
□ 检查维护项目熟悉	□ 检查维护项目不熟悉
□ 零件摆放整齐	□ 工具摆放不整齐
□ 操作用时合理	□ 操作用时过长
□ 工作态度端正	□ 工作态度不够端正

2. 小组评价

我们组做到了：□ 全员参与　□ 分工明确　□ 工作高效　□ 完成了工作任务

3. 教师评价

评价内容	评价指标	等级（星级评定）
1. 综合素养方面	1）态度是否积极，是否主动组织或参与活动 2）与小组同学合作是否良好 3）活动是否认真、善始善终 4）是否勇于克服困难	
2. 知识技能方面	1）查阅资料技能 2）实地观察记录能力 3）调查研究能力 4）整理材料能力	

【知识巩固】

一、填空题

1. 压缩机是制冷系统的_____来源，它将_____能转换为_____能，把_____气态制冷剂压缩成_____气体，推动着制冷剂在制冷系统中不断循环流动，起着_____和_____制冷剂蒸气的作用。

2. _____和_____是空调机组进行热交换的设备。

3. 当压缩机的吸排气温度达到上下限值时，_____便切断电路对压缩机进行保护，当恢复正常时，开关自动复位。

二、选择题

1. 车内循环空气被（　　）从回风口吸入与新风混合后通过蒸发器冷却，并由出风口吹出，向车内送出冷风。

A. 通风机　　　　　　　B. 净化器　　　　　　C. 冷凝风机

2. 在主回路交流电源失电的情况下给空调系统风机进行供电，以维持车厢良好通风状况的器件是（　　）。

A. 变频器　　　　　　　B. 逆变器　　　　　　C. 空气净化器

三、判断题

1. 新风过滤网用以去除回风中的灰尘和杂物，安装在蒸发器前，可从回风口更换。　　　　　　　　　　　　　　　　　　　　　　　　　　　　　　（　　）

2. 逆变器是用于对车厢内的循环风进行杀毒、灭菌作用，达到清新车内空气的效果。　　　　　　　　　　　　　　　　　　　　　　　　　　　　　　（　　）

任务三　制冷系统的检漏和制冷剂的充注

【任务描述】

乘客反映某地铁公司的空调不制冷，鉴于此，地铁公司对本次列车的空调系统进行全面的检查和维护后，发现是由于制冷剂的泄漏而导致的不制冷现象。通过本任务的学习，完成制冷剂的检漏与充注。

【学习目标】

目标名称	目标内容
知识目标	掌握制冷剂在系统中的作用
	能理解制冷剂的分类及表示方法
	掌握常用的检漏方法
技能目标	能与他人进行有效的沟通、合作，能按 6S 管理规定进行作业
	能独立完成制冷系统的检漏
	能独立完成制冷剂的充注

【知识准备】

一、制冷剂

制冷剂也称冷工质，它是制冷机中的工作介质，在制冷机系统中循环流动，通过自身热力状态的变化与外界发生能量交换，从而实现制冷的目的。

制冷剂按化学组成主要分三类：无机物（如 NH_3、CO_2、H_2O 等）、氟利昂 ［二氟二氯甲烷（R12）、二氟一氯甲烷（R22）一氟三氯甲烷（R11）等］ 和碳氢化合物（甲烷（CH_4）、乙烷（C_2H_6）、乙烯（C_2H_4）、丙烯（C_3H_6）等）；按沸腾温度高低分为高温制冷剂、中温制冷剂和低温制冷剂。

制冷剂采用"R（表示制冷剂）+数字/字母"的方法表示，如 R717、R22、R407C 等。

二、制冷系统的检漏

将制冷设备通过管路连接后形成一个封闭的制冷系统，对该系统进行的气密性试验称为系统检漏（简称检漏）。制冷系统的气密性是检测和衡量制冷装置质量与安装的一个重要指标，因为系统的泄漏不仅会造成制冷剂渗出或外界空气进入，影响制冷装置正常运行，而且还会造成经济损失，污染环境。因此，制冷设备在交付生产运行前要求调试人员对系统认真检漏，排查各泄漏点。系统检漏是整个调试工作中的主要项目，必须认真负责、细致耐心地进行。

制冷系统的泄漏部位，主要发生在蒸发管路和冷凝管路的焊接处及管路弯头处。由于管路焊接不良、安装不当等原因均可引起系统泄漏。此外，因纯铜管材质问题，如砂眼、过脆或连接部位多次振动后出现裂纹，也会产生漏洞或裂口。

常用的检漏方法有以下几种：

1. 压力检漏

压力检漏是将一定压力的空气或氮气充入制冷系统，使设备和管道受内压，以检查安装或修理后的接头、焊缝、设备、管材等是否有泄漏点，能否满足使用要求。充气压力与制冷系统所用制冷剂相关。

2. 声响检漏

声响检漏是在系统静止状态下，检查有无微弱的"咝咝"声，以此来判断是否泄漏和泄漏部位。该方法主要用于检测系统较严重的泄漏点，一般在打压试漏的同时进行。当压力达到 0.3MPa 左右时，听声响进行判断。

3. 目测检漏

目测检漏是通过目测检查系统连接接头等容易泄漏的部位有无油迹、油滴等存在，以发现泄漏点。该方法主要用于系统运行后的维修检漏。因制冷剂泄漏时，总会夹带一些润滑油出来，所以在泄漏处会有油迹。

4. 表压检漏

用低压压力表或复合式压力表的低压部分检查制冷系统的低压压力，表的压力在某一要求压力以下，即表明制冷剂不足。

5. 肥皂水检漏

肥皂水检漏是在安装、维修中普遍采用且简便易行的检漏方法，特别是中、大型制冷系统中，基本上都使用这种方法寻找泄漏点。在打压试验保压 24h 后，发现压力有明显下降，说明有泄漏。将压力提高到打压压力，用毛刷将肥皂液直接涂抹在接头缝隙、焊缝等易漏处，仔细观察该处是否形成气泡。查出泄漏点应做好标记，若在接头处发现泄漏，应设法旋紧后再次检漏，待全部检漏完毕后，再进行补漏。对于不易直接观察的部位，可利用镜面反射和手电筒检查。检漏结束后，应将所涂的肥皂水擦干，以防腐蚀。

6. 浸水检漏

浸水检漏的灵敏度高于肥皂水检漏，这种方法通常用于小型氟利昂制冷机组。当采用浸水检漏时，应拆除系统中不允许接触水的设备（如各种继电器、电器控制设备等）。浸水最好用清洁的温水，因为温水的表面张力小于冷水，容易形成气泡。若再配以较强光源照射，则泄漏部位极易被发现。浸水检漏后，应立即用压缩空气将表面吹干，以防止腐蚀金属。

7. 卤素检漏灯和电子检漏仪检漏

卤素检漏灯是以乙醇或甲醇作燃料的喷灯，如图 7-28 所示。当氟利昂制冷剂中含有的卤素成分与灯内灼热的铜皮相接触，便会产生不同颜色的火焰，根据泄漏量的不同，颜色相应地由微绿变为浅绿、深绿直至紫绿色。

电子检漏仪又称为卤素检漏仪，是根据氟利昂在电场的作用下极易电离形成离子流，并通过微安电表可检出的原理来检测泄漏部位和泄漏量的，其结构原理如图 7-29 所示。电加热丝将阳极加热到 800℃ 左右，在阴极与阳极之间加上直流电压，

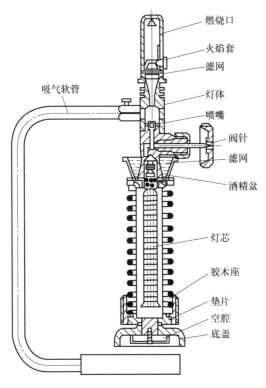

图 7-28 卤素检漏灯结构

形成一个电场。从探嘴吸入白金筒内的氟利昂遇到热的阳极，即发生电离而使阳极电流增大，引起微安表的指针偏转。如果将信号经放大器放大后，还能推动蜂鸣器报警或从电流表显示读数。目前，国产的电子检漏仪都采用电子放大器将信号放大，其检漏精度为年泄漏量5g。卤素检漏仪灵敏度较高，主要用于系统充入制冷剂后的精检，寻找难以发现的漏点。在有卤素物质或其他烟雾污染的环境下不能使用，以免误检。

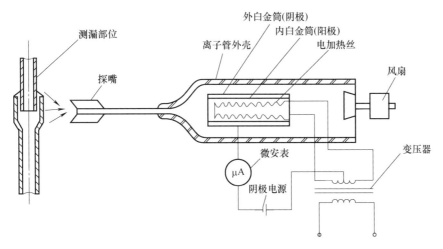

图 7-29 电子检漏仪原理图

8. 真空检漏

制冷系统经压力检漏合格后，还须进行真空检漏。其目的是：①检查制冷系统在低压状态下的气密性，防止设备和管路有单向泄漏，防止外界空气的不断渗入。若在抽真空过程中系统一直达不到要求的真空度，表明系统有泄漏。②去除系统中的水分。③排除系统内的不凝结气体（空气、氮气等）。

（1）利用真空泵抽真空　单元式客车空调机组，是由全封闭压缩机组成的制冷系统。抽真空是借助真空泵来完成的，如图7-30所示。

1）用连接管将带压力真空表的修理阀与真空泵、压缩机连接起来。

2）打开修理阀，开启真空泵，注意观察压力真空表读数的变化，是否向零刻度以下方向移动，如没有，说明系统仍有泄漏。

3）当真空压力表指针达到或接近10Pa时，先关闭修理阀，然后停止真空泵运转，抽真空过程结束。

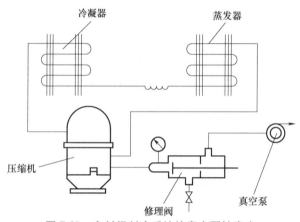

图7-30　全封闭制冷系统的真空泵抽真空

（2）利用系统本身压缩机抽真空（图7-31）

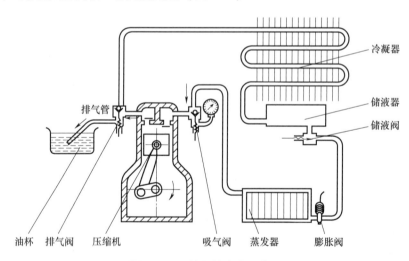

图7-31　压缩机抽真空示意图

1）关闭压缩机的排气阀，旋下多用通道螺塞，装上锥牙接头和排气管，打开吸气阀，并在吸气阀的"多用通道"孔上装低压表（压力真空表）。

2）打开系统中其他所有阀门。

3）将油压继电器、低压压力控制器短接，启动压缩机，看是否有气体排出，并检查有无异常情况。

4）启动压缩机，打开吸气阀。吸气阀应缓慢打开，以免系统内的气体来不及排出，造成排气压力过高而引起高压保护。当压缩机连续抽气至排气管听不到喷气声时，可将吸气阀开大，并将排气管出口浸入冷冻机油杯中，观察管口的冒气泡情况。

5）若在 5min 中内无气泡冒出，即可认为系统内的气体已基本抽完，且系统无渗漏。此时，可拆下排气管，用手指按住排气阀"多用通道"接口，或拆下锥牙接头，旋上螺塞并拧紧，再将排气阀杆反旋退出（关闭"多用通道"），然后停机。

6）若有连续或间断的气泡冒出，说明系统内的剩气未抽完或有渗漏现象，可继续运转让其磨合一段时间，因为可能是轴封摩擦面不密封而出现渗漏。若气泡依然出现，可采取分段抽空方法，检查每一段的气密性。对怀疑段可检查接头的预紧程度，焊缝是否有空隙等，必要时可向系统充气，检查这段渗漏点。一定要将渗漏点找出补好，方可再继续抽真空。

9. 电流检漏

测量压缩机的工作电流也可以检测系统是否泄漏。在常温下，5kW 压缩机的工作电流 9.8A，3.75kW 压缩机的工作电流为 6.7A。当制冷系统泄漏时，压缩机的工作压力和温度都将降低，因此其功率将有明显的下降。功率下降，电流自然也就下降。

三、制冷系统检漏及制冷剂充注

1. 场地、设备、工具和材料准备
1）场地：车辆空调实训室。
2）设备：车辆空调系统、制冷剂瓶、冷水箱、真空泵。
3）工具：对车辆空调制冷系统检漏及制冷剂充注所需工具见表 7-9。
4）材料：制冷剂、铜管或专用软管、冰或干冰。

表 7-9 制冷系统检漏及制冷剂充注所需工具

序号	工具	数量
1	工具桌	1 张
2	记录笔	1 支
3	工作服	1 套
4	安全帽	1 个
5	检漏仪	1 个
6	护目镜	1 个

2. 步骤及要求

本次实施任务内容及过程如下：

（1）更换制冷剂 当拆下零件进行维护或修理需要打开制冷系统时，按以下步骤更换制冷剂：

1）在秤上对空的制冷剂瓶进行称重，用铜管或专用软管把制冷剂瓶连接到制冷系统低压侧。把空气从连接管排出（空气净化）之后，打开瓶的阀门。

2）用流水尽量使制冷剂瓶降温。如不能装水，把瓶置于冷水箱中，用冰或干冰使它降温。

3）一旦制冷剂被完全加入瓶中，关闭阀门，拆下连接管。

（2）加充制冷剂 空调机组制冷系统内制冷剂量不足会使制冷能力降低。制冷

剂减少不仅影响制冷效果，而且降低压缩机电动机制冷能力。因此，首先按上述程序更换制冷系统制冷剂，查明并消除制冷剂泄漏的原因。然后，按以下步骤为制冷系统充加规定量的制冷剂：

1）制冷系统抽真空：

① 连接真空泵，切断低压侧连接管末端，使它形成一个喇叭口，连上填充阀。

② 抽真空时间：每个 30min 或更长，用 1/4 至 1/2HP 的真空泵。

③ 真空度达到：1333.22Pa 或以下。

2）把铜管或专用软管与 1）中安装的阀连接。这时，稍微开启制冷剂瓶的阀门，清除连接管中的空气（空气净化），然后把连接管与阀完全连接。

3）连接管与阀完全连接之后，依次打开制冷剂瓶的阀门和接头阀门，使制冷剂瓶内的液体制冷剂输送到制冷系统。

4）如果制冷剂进入系统不通畅，使内外风机和压缩机运转，加快制冷剂的输送。应注意的是，风机高速运转时，不得把手放入进气口。这个动作非常危险。另外，为了避免人身伤害及风机故障，特别小心不要让任何异物（工具等）进入进气口。另外，压缩机工作时，温度非常高，小心不要用手触摸以免灼伤。

5）充注制冷剂量 4.2kg±50g。应注意的是，使用符合标准的制冷剂，严格按规定的量充加。充注量不正确会导致压缩机或其他故障。

6）制冷剂充注完毕后，关闭接头阀门和制冷剂瓶的阀门，拆除连接管。

（3）空气净化　由于 R407C 是三种制冷剂的混合，做空气净化时制冷剂要呈液态。如果在制冷剂为气态时进行空气净化，压缩机会受到严重影响，因为混合比会发生变化。如果不慎让空气进入制冷系统，冷凝压力会异常升高，而制冷循环没有问题。如果是这种情况，按上述（1）（2）步骤更换制冷剂。

（4）制冷剂泄漏检查　制冷剂泄漏原因查出并完全消除，重新更换之后，需要保证制冷剂不再泄漏。一般而言，最好用 R407C 专用的检漏仪来检测泄漏残余物，但大量气体泄漏也可用肥皂水检查。由于制冷剂和油（冷冻机油）相互溶解，从泄漏部位出来的制冷剂和油，会看起来湿润油腻，这样容易查找泄漏部位。

（5）制冷剂处理注意事项　本空调机组采用的制冷剂为 R407C。尽管它本身无毒，处理时仍要注意以下几方面：

1）小心不要与其他种类的制冷剂混合。

2）制冷剂（R407C）约比空气重 6.5 倍，因此容易在低处停滞，把它放在通风良好或有通风设备的地方，通风设备尽量安装在较低的位置。

3）如果液态或气态制冷剂直接靠近明火，如煤气火焰、加热器，会产生少量毒气，在工作区域附近用火时要十分小心。

4）避免无端吸入高浓度的制冷剂气体，比如把鼻子靠近制冷剂容器开口处。

5）处理制冷剂时，带上合适的橡胶手套。如果皮肤直接接触制冷剂，会引起皮肤冻伤或粗糙。如果皮肤变粗，涂护手霜。

6）处理制冷剂时，要带上护目镜。如制冷剂液体进入眼中，会伤及黏膜。在这种情形下，立即用干净水（自来水等）清洗眼睛，并去看医生。

7）如不慎吞下制冷剂，马上令其吐出，并由医生治疗。

8）尽量把制冷剂瓶存放在通风、阴凉、无震动的地方。

【收集信息】

1. 制冷剂在制冷系统中的作用是：＿＿＿＿＿＿＿＿＿＿＿＿＿＿＿＿＿＿＿

_____

2. 检测制冷剂泄漏的方法有：_____

_____

3. 制冷剂的充注方法有：_____

_____

4. 更换制冷剂的步骤：_____

_____

5. 加充制冷剂的步骤：_____

_____

6. 处理制冷剂要注意哪几方面：_____

_____

【制订计划】

请根据描述的现象和任务要求，确定所需的维护仪器、工具和材料，并对小组成员进行合理分工，制订详细的检查和维护计划。

1. 请在表 7-10 中选择在检修中可能用到的工具和材料。（在对应的选项中打√即可）

表 7-10　制冷系统维护工具

工量具名称	选择	
工具桌	□可能	□不可能
记录笔	□可能	□不可能
雨靴	□可能	□不可能
工作服	□可能	□不可能
安全帽	□可能	□不可能
手电筒	□可能	□不可能
螺钉旋具	□可能	□不可能
扳手	□可能	□不可能
高压水枪	□可能	□不可能
清洁刷	□可能	□不可能
清洁布	□可能	□不可能
兆欧表	□可能	□不可能

2. 小组成员分工（表 7-11）。

表 7-11　认知与维护任务人员分配表

任务名称			日期	
班组名称		组长	监督员	
操作员		观察员	展示员	
注意事项				

3. 在检漏、更换制冷剂、加充制冷剂时应注意的方面有哪些？

检漏应注意：_____

_____

更换制冷剂应注意：_____

_____

_____

加充制冷剂应注意：_____

_____

_____

【实施计划】

请结合本小组制订的维护计划，完成下列内容的填写。

1. 在对制冷剂进行更换时，空的制冷剂瓶的质量是_____。

2. 用铜管或专用软管把制冷剂瓶连接到制冷系统_____（高压、低压）侧。

3. 用_____使制冷剂瓶降温。

4. 制冷系统抽真空连接真空汞，切断_____（高压、低压）侧连接管末端，使它形成一个_____，连上_____。

5. 用_____（铜管、专用软管）与填充阀连接。

6. 打开制冷剂瓶的_____和_____，使制冷剂瓶内的液体制冷剂输送到制冷系统。

7. 如果制冷剂进入系统不通畅，使_____和_____运转，加快制冷剂的输送。

8. 做空气净化时制冷剂要呈_____（气、液）态。

9. 本次是用_____（专用检漏仪、卤素灯、肥皂水或其他）来检测泄漏的。

【检查与控制】

观察员对操作员的工作过程评分，具体评分细则见表 7-12。

表 7-12　制冷剂系统的检漏和制冷剂的充注考核评分表

操作时间：90min

序号	考核项目	考核内容及要求 （评分要点）	配分	评分标准	得分
1	检查前准备	制冷剂瓶、冷水箱、真空汞、检漏仪、护目镜	10	各项目准备齐全，缺一项扣 2 分	
2	制冷剂更换	在秤上对空的制冷剂瓶进行称重	23	未对所称重量进行记录，扣 2 分	
		用铜管或专用软管把制冷剂瓶连接到制冷系统低压侧		连接过程出错或连接不牢固，扣 2 分 未连接到低压侧，扣 5 分	
		把空气从连接管排出，打开制冷剂瓶的阀门		未排出空气，扣 2 分 未打开阀门，扣 2 分	
		用流水使制冷剂瓶降温（如不能装水，把制冷剂瓶置于冷水箱中，用冰或干冰使它降温）		未对制冷剂瓶降温，扣 3 分 降温介质使用不合理，扣 3 分	
		制冷剂被完全加入制冷剂瓶中后，关闭阀门，拆下连接管		阀门未关闭，扣 2 分 连接管未拆下，扣 2 分	
3	制冷剂加充	制冷系统抽真空 连接真空汞，切断低压侧连接管末端，使它形成一个喇叭口，连上填充阀	44	抽真空时间未足 30min，扣 2 分 真空度未达到 1333.22 Pa 或以下，扣 2 分 未将连接管末端做成喇叭口，扣 2 分 未接上填充阀，扣 2 分	
		把铜管或专用软管与抽真空时安装的阀连接		未清除连接管中的空气，扣 2 分 未将连接管与阀完全连接，扣 2 分	
		打开制冷剂瓶的阀门和接头阀门，使制冷剂瓶内的液体制冷剂输送到制冷系统		操作过程中未打开制冷剂瓶阀门，扣 2 分 未打开接头阀门，扣 2 分	
		如果制冷剂进入系统不通畅，使内外风机和压缩机运转，加快制冷剂的输送 如果输送通畅则进行下一步		风机运转时，把手放入了进气口，扣 5 分 有异物（工具等）进入了进气口，扣 5 分 压缩机工作时，手触碰了压缩机，扣 5 分	
		充注制冷剂量		未正确充注扣 2 分 充注量未在 4.2kg ±50g 范围内，扣 5 分	
		关闭接头阀门和制冷剂瓶的阀门，拆除连接管		未关闭接头阀门，扣 2 分 未关闭制冷剂瓶的阀门，扣 2 分 未拆除连接管，扣 2 分	

（续）

序号	考核项目	考核内容及要求 （评分要点）	配分	评分标准	得分
4	空气净化	由于 R407C 是三种制冷剂的混合，做空气净化时制冷剂要呈液态。如果在制冷剂为气态时进行空气净化，压缩机会受到严重影响，因为混合比会发生变化。如果不慎让空气进入制冷系统，冷凝压力会异常升高，而制冷循环没有问题。如果是这种情况，则更换制冷剂	5	净化时制冷剂未呈液态，扣5分	
5	制冷剂泄漏检查	用专用检漏仪或其他检漏方式来检测泄漏	8	有泄漏而未查出，扣4分 检漏方法不合适或不正确，扣4分	
6	安全保护	劳保用品穿戴齐全	10	劳保用品穿戴不全，扣5分	
		文明操作、工具摆放有序		工具乱摆、乱放，扣5分	
		总分	100	得分	

观察员：　　　　　　　　　操作员：　　　　　　　　　时间：

【评价反馈】

1. 自我评价

我做得好的地方	我还存在这些方面的问题
□ 动作准确	□ 动作不到位
□ 工具使用规范	□ 工具使用不规范
□ 检查维护项目熟悉	□ 检查维护项目不熟悉
□ 零件摆放整齐	□ 工具摆放不整齐
□ 操作用时合理	□ 操作用时过长
□ 工作态度端正	□ 工作态度不够端正

2. 小组评价

我们组做到了：□ 全员参与　□ 分工明确　□ 工作高效　□ 完成了工作任务

3. 教师评价

评价内容	评价指标	等级（星级评定）
1. 综合素养方面	1）态度是否积极，是否主动组织或参与活动 2）与小组同学合作是否良好 3）活动是否认真、善始善终 4）是否勇于克服困难	
2. 知识技能方面	1）查阅资料技能 2）实地观察记录能力 3）调查研究能力 4）整理材料能力	

【知识巩固】

一、填空题

1. 制冷剂是制冷机中的_____，它在制冷机系统中_____，通过自身_____变化与外界发生能量交换，从而实现_____的目的。

2. 制冷剂的符号表示是_____。

3. 制冷系统的泄漏部位，主要发生在_____和_____处。

4. 制冷剂的充注方法有_____和_____。

5. 制冷系统经压力检漏合格后，还须进行_____检漏。

二、判断题

1. 使内外风机和压缩机运转，以加快制冷剂的输送过程中，可以把手放入风机进气口。（　　）

2. 充注的制冷剂必须经过干燥、过滤处理。（　　）

3. 空调不制冷了，就一定是制冷剂泄漏了。（　　）

4. 卤素检漏灯是以乙醇或甲醇作燃料的喷灯。（　　）

5. 制冷系统的气密性是检测和衡量制冷装置质量与安装的一个重要指标。（　　）

—— 延 伸 阅 读 ——

"笨鸟先飞，我并不比别人聪明，所以需要比别人更努力。"郭锐常说。他就是全国技术能手、享受国务院政府特殊津贴的中车青岛四方机车车辆股份有限公司高级技师、首席技能专家。

技校毕业后，靠着钻研的狠劲和向前辈同事的虚心请教，他在生产一线工作中钻研出了一套套操作法，大大提高了部件的合格率。以他名字命名的"郭锐劳模创新工作室"和"郭锐技能大师工作室"成为带领一线技能工人创新攻关的平台。至今，他带出的徒弟，7 人成长为高级技师，12 人成长为技师，3 人获技能专家称号。自工作室成立以来，完成了 124 项攻关课题，解决技术难题 587 项，发明了 140 项应用在生产线上的"绝招绝技"，创造经济效益近三千万元。

【学而思】

1. 请你搜集几个与敬业有关的典型故事跟同学们分享一下。

2. 结合本项目的学习，谈谈今后你在工作中如何做到敬业？

参 考 文 献

[1] 曾青中，韩增盛. 城市轨道交通车辆［M］. 3 版. 成都：西南交通大学出版社，2016.

[2] 杨志强. 城市轨道交通车辆总体［M］. 北京：中国铁道出版社，2007.

[3] 商跃进. 动车组车辆构造与设计［M］. 成都：西南交通大学出版社，2010.